ÉCRIRE...

POUR QUOI ? POUR QUI ?

DIALOGUES DE FRANCE-CULTURE
N° 2

Ecrire...
Pour quoi ? Pour qui ?

P. BARBERIS, R. BARTHES, M. BUTOR, J. DANIEL,
G. DUBY, J. P. FAYE, J. LACOUTURE, M. NADEAU,
M. PLEYNET, H. POUSSEUR, G. RAILLARD,
J. RICARDOU, J. ROUBAUD et Ph. SOLLERS

Directeur de la Publication
Roger PILLAUDIN

Mise en forme
Dominique DAVID

PRESSES UNIVERSITAIRES DE GRENOBLE

© Presses Universitaires de Grenoble - 1974
ISBN 2 - 7061-0035-4

SOMMAIRE

I

OÙ/OU VA LA LITTÉRATURE ?

●

Maurice NADEAU   Roland BARTHES

Diffusé par France-Culture
le 13 mars 1973
(97 L 310)

Roland BARTHES

Directeur d'études à l'Ecole Pratique des Hautes Etudes.

Directeur du Séminaire de Sociologie des signes, symboles et représentations.

Collabore au Centre d'Etudes des Communications de Masse (CECMAS), et à sa revue « Communications ».

Membre des comités de rédaction des revues : *Langages* et *Critique*.

A publié (entre autres) :

Le degré zéro de l'écriture, Paris, Le Seuil, 1953.

Michelet par lui-même, Paris, Le Seuil, 1954.

Mythologies, Paris, Le Seuil, 1970 (rééd.).

S/Z, Paris, Le Seuil, 1970.

Le plaisir du texte, Paris, Le Seuil, 1973.

Maurice NADEAU

Directeur des *Lettres Nouvelles* depuis 1953.

Directeur de *la Quinzaine Littéraire*.

A publié (entre autres) :

Histoire du Surréalisme, Paris, Seuil, 1945.

Littérature présente, Paris, Corréa, 1962.

Michel Leiris et la quadrature du cercle, Paris, Denoël, Les Lettres Nouvelles, 1963.

Le roman français depuis la Guerre, Paris, Gallimard, 1964.

Gustave Flaubert, écrivain, Paris, Denoël, Les Lettres Nouvelles, 1969.

OÙ / OU VA LA LITTÉRATURE ?

Roland BARTHES

En toute honnêteté, je ne comprends pas la formulation. « Où va la littérature ? », c'est déjà une question un peu spécieuse, comme toutes les questions prospectives. Et l'alternative voudrait dire quoi ? La littérature ou autre chose ? Ou bien elle ne va plus, ou bien elle va. Je crois que, si l'on voulait répondre tout de suite à la question : où va la littérature ? on pourrait dire immédiatement — mais le débat serait fini — : à sa perte. Je crois d'ailleurs que tu avais une citation de Blanchot là-dessus.

Maurice NADEAU

Blanchot a écrit : « Où va la littérature ? Elle va vers elle-même ». Il précise : « Vers son essence, qui est sa disparition ». « Disparition » a chez lui une connotation métaphysique. On nous demande de répondre à une question plus concrète et qui revient à celle-ci : « Où en est actuellement la littérature ? » Ni toi ni moi ne sommes prophètes et, pour ma part, je ne sais guère où elle va. La question ne serait-elle pas plus vaste ? N'équivaudrait-elle pas à celle-ci : « Qu'est-ce que la littérature ? ».

Roland BARTHES

Il faudrait, à la fin de l'émission, poser la question : où doit-elle aller ? C'est-à-dire poser la question de son utopie. Mais avant d'en venir là, il faut explorer un certain nombre d'aspects de la littérature comme objet. C'est un concept extrêmement flou, extrêmement large, et qui, de plus, a beaucoup varié historiquement. Il faudrait, par exemple, se rappeler que le mot même de « littérature » est assez récent : sur le plan terminologique, il n'existe que depuis la fin du XVIIIᵉ siècle. Avant, on parlait des lettres, des belles lettres, et c'était déjà autre chose. Aussi, dans un premier temps, et de façon à ce qu'il n'y ait aucune équivoque sur la manière dont nous pouvons penser la littérature aujourd'hui, il faut la replacer dans son cadre social, dans le cadre de la socialité. C'est très important, parce que la littérature n'est pas un objet intemporel, une valeur intemporelle, mais un ensemble de pratiques et de valeurs situées dans une société donnée.

Maurice NADEAU

C'est-à-dire que nous allons être naturellement amenés à faire un historique. Et du mot, et de la chose.

Roland BARTHES

On sera peut-être par là amenés à faire un historique. Mais je voudrais dire que la littérature, pour moi — et encore une fois, je n'accepte le mot que sous bénéfice d'inventaire, je préférerais parler d' « écriture » que de littérature, ou même de « textes » — la littérature vient dans un monde de langage, ce que j'ai appelé ailleurs une logosphère, le monde des langages — dans lequel nous vivons; et cette logosphère, étant donné ce qu'est notre société, est profondément divisée. Les langages sont divisés. Certes, il y a un idiome national, le français, mais il n'a, au fond, aucune réalité sociale, sinon au niveau des grammaires de français, ou de son enseignement normatif. Dans la réalité, il y a plusieurs langues françaises. Je crois qu'il faut bien situer la littérature par rapport à cette division des langages.

Maurice NADEAU

Sans doute, mais si la littérature est un langage, c'est le langage de plusieurs et différents langages. Même s'il est particulier, il ne se confond pas avec d'autres langages particuliers, comme celui des métiers, ou propres à certains milieux. Il n'existe un langage littéraire, une littérature, qu'à partir d'un travail sur ce qu'on appelle communément le langage.

Roland BARTHES

Oui, mais cette particularité tient à ce que pendant des siècles, et dans la société française depuis deux ou trois siècles, une sorte de valeur, d'alibi transcendant, éternel, universel, a été attribué au langage littéraire. Le langage littéraire était le langage par excellence, alors que dans la réalité sociale il y avait une grande quantité d'autres langages, et qu'il y en a encore actuellement qui sont séparés de la littérature. Par conséquent, le langage littéraire a une position à la fois excentrique par rapport à tous les langages réels, et en même temps une position transcendante comme s'il était la composante et, en quelque sorte, la synthèse de tous ces langages. Il y a là une sorte de porte-à-faux qui fait que la littérature est toujours menacée par les grandes secousses sociales, parce que, précisément, il y a une socialité et, pour mieux dire encore, une idéologie du langage littéraire.

Maurice NADEAU

Ce qu'on pourrait appeler un langage littéraire d'époque. Mais entre tous ceux qui utilisent ce langage, il existe des différences du tout au tout, celle qui sépare Racine de Campistron. Ne vaudrait-il pas mieux appréhender le problème au niveau de celui qui écrit ? C'est un individu séparé et qui se place déjà à part en utilisant pour un certain usage un langage qui n'est pas celui de tout le monde et qui ne deviendra un langage littéraire qu'au terme de son travail. Subissant toutes les déterminations que tu suggères, il ne se livre pas moins à un travail solitaire.

On peut envisager ce travail à son commencement et à son terme, dans l'œuvre aboutie. Cette œuvre est un produit original et c'est l'originalité de ce produit que goûte le lecteur. L'attitude du lecteur pour qui l'œuvre est un objet de délectation et de plaisir n'est pas celle du critique, soucieux de rapprochements, de filiations, d'idées générales. Ce ne sont pas non plus deux attitudes inconciliables.

Roland BARTHES

Si j'ai posé le problème de la socialité de la littérature, c'est que justement je voudrais arriver peu à peu à rendre le caractère spécifique et, si je peux me permettre ce mot, topique, de la littérature. C'est un objet spatialement très particulier, puisqu'elle se présente comme un langage universel et qu'elle est en même temps un langage particulier. Si on prend par exemple un roman de type assez traditionnel — par exemple un roman de Balzac —, en quoi ce roman participe-t-il à une certaine socialité ?

Cela a été étudié par des critiques et par des écoles de critiques. Il y participe d'une façon ambiguë, contradictoire. D'une part, ce roman est globalement prélevé dans un langage très à part, le langage de la littérature, le langage du récit écrit. Ce n'est pas un langage parlé. Et en même temps, à l'intérieur de ce roman, circulent, et sont présentés d'une façon en quelque sorte kaléidoscopique, une grande quantité de langages imités. Ce qu'il y a d'intéressant dans la littérature, ce n'est pas tellement le fait qu'un roman reflète une réalité sociale; le caractère spécifique d'une œuvre littéraire, d'un roman par exemple, c'est de pratiquer ce qu'on pourrait appeler une *mimesis* des langages, une sorte d'imitation générale des langages. Ce qui fait que lorsque la littérature, le roman, se donnent comme écriture littéraire, c'est finalement l'écriture littéraire antérieure qu'ils copient.

La pratique littéraire n'est pas une pratique d'expression, d'expressivité, de reflet, mais une pratique d'imitation, de copie infinie. Et c'est pour cela que c'est un objet très difficile à définir : parce que c'est un objet de langage. Or, au fond, le langage, bien qu'apparemment il soit à la mode depuis une vingtaine d'années, est un plan de réflexion auquel nous résistons beaucoup, parce que cela nous met immédiatement en cause nous-mêmes. Il continue donc toujours à y avoir une censure sur le langage, et une censure sur la littérature pensée comme langage, tout au moins au niveau de l'opinion courante.

Maurice NADEAU

Il me semble que tu dissous facilement l'originalité de l'œuvre dans de vastes entités : la littérature, la socialité... Si j'insiste sur la naissance de l'acte littéraire, sur la production de l'écriture, c'est parce que je vois au contraire en tout écrivain un individu qui refuse d'abord le langage commun, cela va sans dire, mais qui refuse même tout ce qui s'est écrit avant lui. La littérature naît chaque fois avec chaque individu qui écrit et dans la volonté d'abolir toute littérature antérieure. Sans quoi, pourquoi écrire ? Il se peut que l'écrivain imite, mais à son corps défendant, et inconsciemment.

Roland BARTHES

Sans doute, mais jusqu'à présent, la littérature le récupère toujours.

Maurice NADEAU

Elle le récupère à la fin. Mais l'acte par lequel on écrit ne saurait être un acte de copie. Ecrire, c'est au contraire s'installer dans le refus, la solitude, la mise en accusation de toute écriture antérieure qui paraît fausse, inadéquate, insincère, littéraire dans le mauvais sens du mot.

Roland BARTHES

Oui, mais ça, c'est un peu un alibi...

Maurice NADEAU

L'alibi qui permet l'acte et qui, en tout cas, n'est pas vécu comme alibi.

Roland BARTHES

Oui, mais écrire c'est se placer dans ce qu'on appelle maintenant un immense intertexte, c'est-à-dire placer son propre langage, sa propre production de langage dans l'infini même du langage.

Maurice NADEAU

Peut-être, si l'on considère les choses de l'extérieur. Quel but exaltant : disparaître dans le langage ! Alors que l'écrivain veut faire apparaître le sien, et qui ne doit ressembler à aucun autre !

Roland BARTHES

Mais pourquoi ne serait-ce pas exaltant ? C'est là que, précisément, se produit une sorte d'atteinte du sujet. Et l'atteinte du sujet, l'atteinte de la consistance du sujet qui se produit dans l'écriture, c'est si exaltant que c'est l'objet même de toutes les expériences limites, marginales, comme par exemple la drogue, ou la perversion ! Pour moi, la littérature — je parle toujours, évidemment, d'une littérature en quelque sorte exemplaire, exemplairement subversive — pour moi la littérature — et c'est pourquoi j'aimerais mieux l'appeler *écriture* — est toujours une perversion, c'est-à-dire une pratique qui vise à ébranler le sujet, à le dissoudre, à le disperser à même la page. Pendant très longtemps, parce que l'idéologie de l'époque était une idéologie de la représentation, de la figuration, cela s'est produit dans les œuvres classiques d'une façon détournée; mais en réalité, il y avait déjà à ce moment-là de l'écriture, c'est-à-dire de la perversion.

L'un des romans les plus vertigineux de la littérature française, parce qu'il condense vraiment toutes les problématiques, c'est le *Bouvard et Pécuchet* de Flaubert, qui est un roman de la copie, l'emblème même de la copie étant d'ailleurs dans le roman, puisque Bouvard et Pécuchet sont des copistes, qu'à la fin du roman ils retournent à cette copie... et que tout le roman est une espèce de carrousel de langages imités. C'est le vertige même de la copie, du fait que les langages s'imitent toujours les uns les autres, qu'il n'y a pas de fond au langage, qu'il n'y a pas de fond original spontané au langage, que l'homme est perpétuellement traversé par des codes dont il n'atteint jamais le fond. La littérature c'est un peu cette expérience-là.

Maurice NADEAU

Mais est-ce bien cela que Flaubert, en écrivant *Bouvard et Pécuchet,* a voulu montrer ? S'est-il vraiment dit qu'il allait se mettre dans le courant de la littérature ?

Roland BARTHES

Non, bien sûr; il n'aurait pas employé ce langage-là, qu'il n'aurait pas manqué d'imiter parodiquement dans son roman. Je suis sûr qu'il y aurait eu à la fin tout un paragraphe sur Bouvard et Pécuchet devenant structuralistes !

Maurice NADEAU

C'est-à-dire qu'à l'encontre de ce que tu dis, il aurait continué à se tenir hors du courant de la littérature : pour la juger, pour se tenir devant elle en sujet. Tu oublies que *Bouvard et Pécuchet* est également une grande œuvre parodique, un chef-d'œuvre d'ironie.

Roland BARTHES

Ce qui est extraordinaire dans l'ironie, dans la parodie de Flaubert, c'est justement qu'elle ne s'arrête pas, qu'elle n'a pas de point d'ancrage, pas de signifié. On ne sait pas ce qu'il y a au bout. Et c'est la signification du retour à la copie de *Bouvard et Pécuchet* : une traversée inutile. C'est une traversée inutile, mais qui désigne en quelque sorte la nature même du monde : il y a une seule philosophie, pour le moment constituée, qui s'accorderait un peu avec cette vision, ce serait la philosophie du sujet généralisé, c'est-à-dire le bouddhisme. Mais revenons à la littérature. La socialité de la littérature ne s'appréhende vraiment qu'à partir du moment où on pense que la littérature est du langage, et non pas un véhicule de contenus, de représentations.

Maurice NADEAU

Là-dessus nous sommes d'accord. Mais se borner à considérer l'œuvre comme un système de langage où jouent toutes les figures de la rhétorique, qu'on découpe, qu'on assemble et désassemble en croyant rendre compte de l'œuvre littéraire, c'est s'en tenir au niveau du signifiant, c'est-à-dire finalement à la surface de l'œuvre. Que fais-tu de la volonté, du désir, conscient ou inconscient, de celui qui écrit ? Par exemple, *Sarrasine*, tu l'as enrichi par ton commentaire. Mais où est dans *S/Z* (1) le désir de Balzac d'écrire *Sarrasine* ? Pourquoi un tel ouvrage ? Dans quel but ? On reste dans la supposition, dans le vague, si l'on s'en tient à la seule analyse des signifiants.

(1) Roland BARTHES, *S/Z*, Paris, Le Seuil, Coll. Tel Quel, 1970.

2

Roland BARTHES

Ta question suppose qu'il y a eu, à un certain moment, une personne Balzac, un sujet Balzac, qui a délivré un produit, *Sarrasine*. Je dirais plutôt qu'il y a eu un corps qui a tenu la plume. C'est très important de remettre le corps de l'écrivain dans son écriture. Nous parlions de Balzac; mais il y a un domaine magnifique à explorer : les corrections de Balzac sur ses épreuves, sur ses placards. A ce moment-là, on avait beaucoup plus de liberté, et on pouvait faire une douzaine d'épreuves d'un même texte. Contrairement à la plupart des écrivains français, Balzac rajoutait au lieu de retrancher.

Maurice NADEAU

Proust également.

Roland BARTHES

Oui, Proust, Stendhal, Rousseau, Balzac. Et quand on voit les derniers placards de *César Birotteau,* c'est admirable, visuellement, car c'est une page imprimée avec des explosions. C'est comme un feu d'artifice de suppléments, de rajouts, de ce que Proust appelait les « paperolles »; cela a vraiment une beauté plastique et, finalement, c'est bien l'emblème de l'écriture qui est une prolifération, une dissémination le long de la page. Je dirai que, pour moi, l'auteur n'existe qu'au moment où il produit et non pas au moment où il a produit. A ma très modeste échelle, je le ressens très profondément : une fois que j'ai écrit un livre et qu'il est publié, je n'ai vraiment plus rien à en dire, je suis détaché de lui, je n'ai pas avec ce livre de rapports de gestion ou de propriété. Mais c'est le moment, évidemment, que la société choisit pour me demander d'en parler.

Maurice NADEAU

Oui, mais on reconnaît Barthes dans *Le plaisir du texte* (1), comme dans *S/Z.* Ce sont deux ouvrages sortis de la même plume. Ils ont un dénominateur commun.

(1) Roland BARTHES, *Le Plaisir du texte,* Paris, Le Seuil, Coll. Tel Quel, 1973.

Roland Barthes

Il y a des phénomènes qu'on appelle idiolectaux; il y a un idiolecte, qui est la présence du corps. Le corps n'est peut-être pas personnel, mais il est individuel. Le corps passe d'une certaine façon dans l'écriture. Par conséquent, il y a effectivement des idiolectes d'écrivain. Mais il faut continuer à s'attaquer à ce mythe qui place d'un côté, antérieurement à son œuvre, un sujet constitué, un moi, une personne, qui devient le père et le propriétaire d'un produit, l'œuvre, et de l'autre côté, cette œuvre, cette marchandise.

Maurice Nadeau

Ce qui revient à dire que c'est le langage qui choisit l'écrivain, non le contraire. En somme, une grâce qui lui tombe du ciel. Un mythe en remplace un autre.

Roland Barthes

L'écrivain choisit tout de même de combiner. Il combine des citations dont il enlève les guillemets.

Maurice Nadeau

Il n'existerait donc que des combinateurs ?

Roland Barthes

Oui, bien que cette formule appartienne à l'époque héroïque du structuralisme. Ce que nous pourrions peut-être faire maintenant, c'est de voir les aspects proprement actuels, et si je puis dire critiques (en se rappelant que le mot *critique* est l'adjectif qui va avec le mot *crise*) de la littérature.

Maurice Nadeau

Nous serons d'accord pour constater que la crise existe. Mais depuis que j'exerce mes activités, j'ai toujours entendu parler de crise. Crise de l'édition, crise de la librairie et, bien entendu, crise de la lecture. Ne s'agirait-il pas d'un état endémique ?

Roland Barthes

Il y a une crise du roman, aussi, une crise de la poésie, etc.

Maurice Nadeau

En 1880, une fameuse enquête a été entreprise parmi les écrivains. Tous parlaient, Jules Renard et d'autres, de crise du roman. Le roman n'était pas même en crise, il était déjà mort. Au moment où Zola produisait son œuvre. Tout le monde sait que Valéry, Gide, Claudel n'ont pas voulu écrire de romans. Ce n'était pas un genre « artistique ». Pourtant, depuis une centaine d'années, on a assisté à la naissance de pas mal de romanciers.

Roland Barthes

Je dirais tout de même qu'il y a crise. Une crise n'a pas lieu quand il se produit moins d'objets, moins de livres; il s'en produit au contraire de plus en plus, même en ce qui concerne le roman, on en produit tout au moins autant. Non, il y a crise, quand l'écrivain est obligé ou bien de répéter ce qui s'est déjà fait, ou bien de cesser d'écrire; quand il est pris dans une alternative draconienne : ou bien répéter, ou bien se retirer.

Maurice Nadeau

Dans ce cas, il ne serait plus un copiste ? Il aurait le désir de dire autre chose que ce qui a été dit ?

Roland Barthes

Non, il ne peut plus copier. Mais, de toute manière, la copie doit être disséminante, elle doit être pluralisée. On ne copie pas des œuvres; on copie des langages, ce qui est tout à fait autre chose. Je pense, par exemple, que cette définition peut effectivement convenir, pour remonter assez loin dans le temps, à la tragédie française. Au XVIIIe siècle, on peut dire qu'il y avait une crise de la tragédie, non pas parce qu'il y avait moins de tragédies, — il y en avait beaucoup —, mais parce qu'elles se contentaient de répéter les tragédies qui avaient eu lieu. C'est une question qu'on peut se poser pour le roman et pour la poésie. Par exemple, dans le roman, y a-t-il des novations ? Des mutations ?

Maurice NADEAU

Disons que le genre a évolué. Sur un roman, il n'est plus nécessaire de coller l'étiquette « roman ».

Roland BARTHES

On ne met plus « roman » quand ce sont des romans, mais quand ce ne sont pas des romans, on peut mettre « roman ».

Maurice NADEAU

Exactement. C'est-à-dire que nous assistons à une subversion des genres. Il y a ceux qui essaient de frayer des voies nouvelles. Le nouveau a une valeur de choc, en tant qu'il refuse une tradition qui n'est qu'une façon de répéter, de s'inscrire dans le courant de la littérature. Aujourd'hui, c'est un éclatement, une dispersion, le refus de toutes les contraintes, à tous les niveaux, et même celui de la syntaxe. On fabrique des « textes », qui ne sont ni du roman, ni de la poésie, qui sont souvent les deux et qui, souvent aussi, déroutent le lecteur non prévenu. Je sais bien que l'œuvre a d'autres fins que celle de la communication immédiate, mais il faut néanmoins que la communication s'établisse à un niveau ou à un autre. En ce sens, je peux dire qu'il y a crise. Il est possible, toutefois, que dans dix ans, dans vingt ans, on dise de ces « textes » : c'étaient les grandes œuvres de l'époque. L'*Ulysse* de Joyce n'est-il pas resté longtemps lettre morte pour les contemporains de l'écrivain ?

Roland BARTHES

C'est un problème presque insoluble. Il y a toujours une intimidation par la modernité, qu'on ne peut pas éviter. La novation est intimidante, parce qu'on a peur de manquer ce qu'il peut y avoir d'important en elle. Mais on devrait, là aussi, être objectif, et penser que la modernité la plus actuelle comporte ses propres déchets; la modernité livre pêle-mêle le déchet, l'expérience, peut-être une œuvre future. Il faut en prendre son parti et défendre la modernité dans son ensemble, en assumant la part de déchets qu'elle comporte inévitablement, et que nous ne pouvons pas évaluer exactement maintenant. Il faut avoir une attitude de disponibilité.

Maurice Nadeau

Il faut également penser à la fameuse barre de l'édition, de la publication. Ce sont les éditeurs qui, en général, voudraient bien n'avoir affaire qu'à des copistes. Des copistes en habit neuf, bien sûr !

Roland Barthes

Bien sûr. Pourtant, il s'édite des livres relativement illisibles !...

Maurice Nadeau

Je passe en effet pour en avoir édité pas mal ! Des livres à propos desquels on dit : c'est illisible, des livres qui, au moment où ils sont publiés, n'ont pas de lecteurs, ou très peu. Pourtant, le livre est là. Il mûrit doucement. Dix ans plus tard, il est repris en livre de poche. Je le constate pour mes auteurs réputés « illisibles ». Il y a une accommodation du lecteur. Ce qui nous paraît incompréhensible aujourd'hui devient ensuite très lisible.

Roland Barthes

On rencontre ici, d'ailleurs, un vieux mythe réactionnaire, l'opposition de l'intellectualisme à l'anti-intellectualisme, au populaire; je ne peux pas supporter cela, parce qu'il y a vingt ans que je l'entends. Je ne vois pas pourquoi l'intellectuel serait séparé du populaire. Dans ma vie, il m'est arrivé de défendre à fond — et à un moment où personne ne le faisait — une grande œuvre populaire, le théâtre de Brecht. Je ne demande que ça : qu'un jour en France, un jour prochain, nous ayions des romans correspondant au théâtre de Brecht. Ce n'est donc pas du tout une position intellectualiste, sauf que, bien entendu, Brecht lui-même était un homme extrêmement intelligent, qui faisait de l'intellectualisme. Mais il a écrit aussi un théâtre pour le plaisir de ses spectateurs.

Qu'est-ce que c'est que le « populaire » ? Si je voulais faire de la critique : qu'est-ce que serait la critique populaire ? De la critique petite bourgeoise ? Elle existe. Ce n'est pas possible. Nous sommes dans une société divisée, et moi-même je subis la cruauté de cette division.

Mais il faut bien comprendre aussi que le fait d'accepter d'écrire quelque chose de lisible suppose certaines complaisances. La langue n'est jamais innocente, et si l'on écrit lisible, on accepte une certaine médiatisation de son propre langage. Cette complaisance, on ne peut l'accepter que si on a vraiment une sorte de morale secrète de — si je puis dire — la tactique, ou de la tricherie implicite, une sorte de visée assez retorse de ce que l'on veut faire avec l'écrit. On fait une certaine concession sur le plan du lisible, parce qu'on veut faire passer des choses qui vous paraissent importantes.

Maurice NADEAU

Ce sont en effet les deux bords de l'écriture. Le premier est celui de la culture, de la tradition, de la lisibilité, et l'autre une perte de langage, de vie. On voit très bien cela chez Bataille, par exemple, ou chez Artaud, bien que chez Artaud on quitte souvent le domaine du syntagme, de la phrase, pour le cri.

Roland BARTHES

L'écriture d'Artaud est située à un tel niveau d'incandescence, d'incendie, et de transgression, qu'au fond il n'y a rien à dire sur Artaud. Il n'y a pas de livre à écrire sur Artaud. Il n'y a pas de critique à faire d'Artaud. La seule solution serait d'écrire comme lui, d'entrer dans le plagiat d'Artaud.

Et toujours à propos de cette idée de crise : un fait est patent, actuellement, si l'on compare une figure globale de la littérature en France aujourd'hui, à cette même figure, simplement avant la dernière guerre, il y a une trentaine d'années; on constate un abandon, en quelque sorte national et social, de la grande littérature et de son mythe.

Maurice NADEAU

Un abandon aussi du mythe de l'écrivain ?

Roland BARTHES

Du mythe de l'écrivain, également, car actuellement, aucun écrivain ne tient la place que tenaient des gens comme Valéry, comme Gide, comme Claudel, même comme Malraux à cette époque.

Maurice NADEAU

Dans quelques jours vont paraître les cahiers de la petite Dame, Mme Théo Van Rysselberghe, qui a vécu près de Gide et qui a tenu un journal jusqu'à la mort de Gide. Elle consigne tous les faits et gestes de Gide au cours d'une journée, ses paroles, les pensées qu'il lui confie. Avec ce nouvel Eckermann le moindre comportement de Gide, la parole la plus anodine, revêtent une signification. On ne voit pas Sartre avoir son Eckermann ou sa petite Dame.

Roland BARTHES

Il a eu Simone de Beauvoir.

Maurice NADEAU

Oui, mais elle a travaillé aussi et beaucoup pour elle-même.

Roland BARTHES

Une certaine libération est intervenue : nous avons tué — heureusement — ce que Mallarmé appelait le Monsieur qui est dans l'écrivain, — pour ne pas dire le petit Monsieur qui est dans l'écrivain —. Il y a là une transformation à la fois idéologique et sociale : ce qu'on appelle communément la bourgeoisie ne soutient plus sa grande littérature. Elle n'a plus, au fond, sa littérature. Et cette grande littérature bourgeoise apparaît maintenant comme réfugiée dans des parcs nationaux, des réserves, par exemple l'Académie. C'est donc un abandon des grands leaderships, si j'ose dire, de la littérature. Il y a certes des leaderships beaucoup plus chaotiques, beaucoup plus agités, beaucoup moins tranquilles, mais qui sont en fait des leaderships intellectuels et non pas à proprement parler littéraires. Le grand phénomène sociologique de la caste des écrivains, depuis une trentaine d'années, c'est l'arrivée massive des professeurs.

Il se crée par conséquent une nouvelle catégorie de production, à la fois littéraire et intellectuelle, et qui implique à la fois, en général, des positions d'engagement politique et d'engagement idéologique, mais en même temps une pratique d'écriture.

A propos de l'engagement, je voudrais d'ailleurs préciser un point. Comment est-il possible d'imaginer l'engagement dans le problème du monde, d'une part, et d'autre part une activité qui paraît effectivement gratuite, désengagée, de pur plaisir ? On ne peut répondre que par une option de type philosophique. Je comprends très bien qu'on n'admette pas la contradiction. Personnellement, je dirais que je soutiens fermement, en tout cas au niveau de moi-même, la possibilité d'une conduite et d'une pratique plurielles. C'est-à-dire que, d'une part, j'admets très bien qu'on coïncide aussi profondément qu'on le peut avec les problèmes militants de son époque, mais qu'en même temps on ne se croie pas obligé, pour cela, de censurer l'activité érotique d'écriture. C'est une option : cela dépend si l'on a une philosophie moniste ou une philosophie pluraliste.

L'engagement dans l'écriture passe par des médiations, et constitue une médiation. Il faut accepter l'idée de pratique médiate, de pratique médiatisée. On peut penser qu'on s'engage dans l'Histoire par un travail sur l'écriture, mais évidemment on ne s'engage que dans une Histoire à assez longue portée; on ne s'engage pas dans l'Histoire présente, immédiate, par l'écriture. Car si vous vouliez vous engager dans l'Histoire présente et immédiate, dans les crises qui nous entourent, par l'écriture, vous rencontreriez de très grandes difficultés, obligé que vous seriez de passer par le relai d'un langage stéréotypé, qui, précisément, ne serait plus une écriture.

Et c'est là que je défends la possibilité d'une philosophie pluraliste qui consiste à se diviser en tant que sujet, à engager une certaine partie de soi-même, ou de son propre sujet, dans la vie absolument contemporaine, d'une part, et à en engager une autre partie dans une activité d'écriture qui se situe sur une autre longueur historique, mais qui reste historique, prospective, et animée d'une sorte de dynamique progressiste de libération.

Maurice NADEAU

Il y a néanmoins des cas où l'engagement dans l'écriture peut coïncider avec un engagement politique. Je pense à Soljénitsyne : voilà un écrivain engagé dans son écriture, et sans que ses œuvres soient des œuvres de propagande, de polémique; etc. Par exemple *Le premier cercle, Le pavillon des cancéreux,* sont des œuvres engagées politiquement. Comment se fait-il qu'une œuvre littéraire où l'auteur s'engage, c'est-à-dire justement ne fait pas de politique, prenne tout d'un coup une valeur de subversion dans une certaine société ? Il pourrait s'agir d'ailleurs d'une autre société, sauf la démocratie bourgeoise. Ce que tu disais tout à l'heure est vrai pour nos sociétés, et ne l'est plus dans d'autres sociétés.

Roland BARTHES

Quels que soient l'intérêt et l'importance de Soljénitsyne, son écriture est très traditionnelle, son écriture au sens large, c'est-à-dire la composition elle-même. Même en France, au XIXᵉ siècle, nous avons eu une très grande quantité de romanciers qui s'engageaient beaucoup plus qu'on ne le croit aujourd'hui; je dirais même que le roman français du XIXᵉ siècle a une valeur de témoignage, de diagnostic, souvent extrêmement cruel, sur la bourgeoisie de l'époque. Les romans actuels, même traditionnels, n'ont plus cette espèce d'énergie de témoignage, sur ce qu'on appelle les classes dominantes. De ce point de vue, Zola reste très en avance sur ce que nous faisons. C'est d'ailleurs cela qui me paraîtrait intéressant à interroger. Pourquoi n'avons-nous pas, actuellement, à côté des textes-limites, des textes d'expérience, une littérature proprement réaliste, qui dépeindrait d'une façon critique, démystifiante, la société dans laquelle nous sommes et dont nous le voulons pas ?

Maurice Nadeau

Cela est peut-être vrai pour la littérature en France. Dans la littérature latino-américaine par exemple, on assiste aujourd'hui à la fois au renouvellement des techniques romanesques et à une mise en cause des réalités sociales. C'est-à-dire à cet engagement total qui passe par l'engagement premier dans l'écriture.

Roland Barthes

A partir du moment où il y a pratique d'écriture, on est dans quelque chose qui n'est plus tout à fait la littérature, au sens bourgeois du mot. J'appelle cela le *texte*, c'est-à-dire une pratique qui implique la subversion des genres; dans un texte ne se reconnaît plus la figure du roman, ou la figure de la poésie, ou la figure de l'essai.

Le texte contient toujours du sens, mais il contient, en quelque sorte, des retours de sens. Le sens vient, s'en va, repasse à un autre niveau, et ainsi de suite; il faudrait presque rejoindre une image nietzschéenne, celle de l'éternel retour, l'éternel retour du sens. Le sens revient, mais comme différence, et non pas comme identité.

La notion de *texte* se cherche, actuellement. Elle a eu d'abord une sorte de valeur polémique; c'était un concept qu'on essayait d'opposer au concept d'*œuvre*, usé et compromis. Cela dit, je ne crois pas qu'actuellement, on puisse espérer donner une définition du mot *texte*, parce que l'on retomberait alors sous le coup d'une critique philosophique de la définition. Je crois qu'actuellement cette notion de *texte* ne peut s'approcher que métaphoriquement, c'est-à-dire qu'on peut faire circuler, énumérer, et inventer, aussi richement que possible, des métaphores autour du texte (encore que Julia Kristeva ait été très loin dans la définition conceptuelle du texte, par rapport à la langue).

Sur la limite du texte, je ne peux pas répondre; je peux bien espérer distinguer l'*écriture* de ce que j'ai appelé l'*écrivance*. Mais même cela, c'est reculer la difficulté. L'*écrivance* serait au fond le style de celui qui écrit en croyant que le langage n'est qu'un instrument, et qu'il n'a pas à débattre avec sa propre énonciation; l'*écrivance*, c'est le style de celui qui refuse de poser le problème de l'énonciation, et qui croit qu'écrire, c'est simplement enchaîner des énoncés; l'*écrivance* se trouve dans beaucoup de styles : le style scientifique, le style sociologique. Il y a toutes sortes de styles qui se définissent toujours par le refus du scripteur de se placer comme sujet dans l'énonciation, et cela, c'est l'*écrivance*; là, il n'y a pas de *texte*, évidemment.

Mais d'un autre côté, et c'est pour cela que je reprendrai encore les objections qui m'ont été faites, je ne crois pas du tout que le texte puisse se définir comme un espace aristocratique d'écriture; je ne vois pas du tout pourquoi, dans des journaux, dans des productions de type très massif, très « populaire », on ne pourrait pas retrouver du texte, sous certaines conditions. Il faut le chercher. Personnellement, je ne le fais pas parce que, par ma génération, je suis tout de même à l'articulation d'une littérature ancienne et de quelque chose de nouveau, qui se cherche. Mais je pense que très bientôt on pourra réviser ces espèces de partages éthiques et esthétiques entre la bonne et la mauvaise littérature. Nous savons dès maintenant qu'il serait complètement stupide, et presque criminel, de postuler une séparation entre, par exemple, l'écriture dite démente et l'écriture non démente : la vraie limite porte entre l'écrivance et l'écriture; elle a trait à la place du sujet dans l'énonciation, selon que cette place est assumée, ou ne l'est pas. Elle est assumée dans l'écriture, elle n'est pas assumée dans l'écrivance.

Cela garde une valeur intransitive. Ecrire est un verbe intransitif, tout au moins dans notre usage singulier, parce qu'écrire est une perversion. La perversion est intransitive; la figure la plus simple et la plus élémentaire de la perversion, c'est de faire l'amour sans procréer : l'écriture est intransitive dans ce sens-là, elle ne procrée pas. Elle ne délivre pas de produits. L'écriture est effectivement une perversion, parce qu'en réalité elle se détermine du côté de la jouissance.

A mon avis, la production littéraire, au sens très large du terme, est marquée de plus en plus par un fossé, un hiatus profond entre une production largement courante qui reproduit les modèles anciens, souvent avec talent, souvent avec une aptitude assez sensible à capter l'actualité, la société, les problèmes, et de l'autre côté une avant-garde, très active, très marginale, très peu lisible, mais très « chercheuse ».

Le nouveau roman, par exemple, quels qu'aient été son intérêt, son importance, sa réussite, représente encore une littérature assez traditionnelle — ceci n'est pas péjoratif —. On a pu récemment faire une analyse très sociologique, et même

strictement « goldmanienne » de *La Jalousie,* comme un roman
de la déception de la classe coloniale en voie de perdre ses
colonies. A ce moment-là, on peut dire que Robbe-Grillet est un
écrivain engagé. Mais en tout cas, sur le plan de l'écriture,
celle du nouveau roman est extrêmement lisible et ne remue
pas véritablement la langue. Le nouveau roman a modifié certaines techniques de description, certaines techniques d'énonciation, il a subtilisé les notions de psychologie du personnage,
mais on ne peut pas dire qu'il représente une littérature-limite,
une littérature d'expérience.

Les zones intermédiaires de littérature, les écrivains moyens,
les écrivains mineurs — par rapport aux genres — sont appelés
à disparaître.

Pour ma part, j'ai une certaine idée utopique de la littérature,
ou de l'écriture, d'une écriture heureuse. Je partirai de ce fait
qu'il y a maintenant — et je ne fais là aucune démagogie dans
les mots —, depuis le développement de la démocratie bourgeoise, c'est-à-dire environ cent cinquante ans, avec les progrès de
la technique, de la culture de masse, un divorce évident, et
terrible à mon sens, entre le lecteur et le scripteur : il y a d'un
côté quelques scripteurs, ou quelques écrivains, et de l'autre
une grande masse de lecteurs. Et ceux qui lisent n'écrivent pas.
Le problème est là, n'est-ce pas ? Ceux qui lisent n'écrivent pas.

On s'aperçoit que dans la société antérieure, socialement
très aliénée, où la division des classes était extrêmement forte,
ce divorce n'existait pas au niveau de la classe heureuse, de la
classe oisive. La preuve est que dans l'enseignement de l'ancienne société, jusque vers le milieu du XIXe siècle, l'enseignement secondaire dispensé aux fils de bourgeois, à Flaubert par
exemple, consistait à apprendre à écrire. La rhétorique était
l'art d'écrire, alors que maintenant, dans les collèges, on dit
qu'on apprend à lire. On apprend à l'enfant à bien lire, mais
au fond, on ne lui apprend pas à écrire. Certains sujets — naturellement pas très nombreux, et par définition clandestins — ont
le désir profond d'accomplir cette jouissance de l'écriture et se
heurtent naturellement à des barrières terribles sur le plan
commercial, institutionnel, éditorial. Mais l'espoir de pouvoir
écrire, même sans publier, est un rêve qui peut exister, et d'ailleurs qui existait déjà chez Flaubert, peut-être avec une certaine
mauvaise foi ...

J'imagine donc une sorte d'utopie, où les textes écrits dans
la jouissance pourraient circuler en dehors de toute instance
mercantile et où, par conséquent, ils n'auraient pas ce qu'on

appelle — d'un mot assez atroce — une grande diffusion. Il y a vingt ans, la philosophie était encore très hégélienne et jouait beaucoup avec l'idée de totalisation. Aujourd'hui, la philosophie s'est elle-même pluralisée, et par conséquent, on peut imaginer des utopies de type plus groupusculaire. Plus phalanstérien.

Ces textes circuleraient donc dans de petits groupes, dans des amitiés, au sens presque phalanstérien du mot, et par conséquent, ce serait vraiment la circulation du désir d'écrire, de la jouissance d'écrire et de la jouissance de lire, qui feraient boule, et qui s'enchaîneraient en dehors de toute instance, sans rejoindre ce divorce entre la lecture et l'écriture.

Quand on a commencé à écrire, quand on est dans l'écriture, quoi qu'elle vaille d'ailleurs, il y a un moment, en un sens, où on n'a plus le temps de lire. Il y a une sorte de chassé-croisé entre l'écriture et la lecture qui fait qu'à un certain moment on ne lit plus que ce dont on a besoin pour son travail. Par conséquent, la surveillance des textes qui passent dans l'année, par exemple, est une surveillance extrêmement fonctionnelle et intéressée; si un jour je dois préparer une intervention ou un article sur un sujet donné, je lis certains textes, certaines œuvres; mais personnellement j'ai très peu de temps de lecture en soi, de lecture gratuite. J'en ai un peu le soir quand je rentre chez moi, mais, à ce moment-là, je lis plutôt des textes classiques; ou pendant les vacances... Ma connaissance des textes modernes est donc loin d'être exhaustive.

Maurice Nadeau

Maurice Blanchot a dit que le critique était un non-lecteur. Un directeur de revue ou de journal est un non-lecteur à la puissance deux. C'est-à-dire qu'il lit tout sans lire. En réalité, la lecture c'est une deuxième lecture; et cette deuxième lecture, dans le métier que j'exerce, je ne peux pas la faire. En somme, je suis un lecteur dans les seuls moments où je ne suis pas obligé de lire.

Roland Barthes

On utilise en général un euphémisme extrêmement précieux : on dit qu'on a *regardé* un livre, on ne l'a pas lu, on l'a regardé.

Cela dit, on pourrait très bien admettre une sorte de prélèvement d'écriture, d'une page, ou de dix pages. Je peux décider que cela suffit à former mon lien avec le texte. Si l'on a pré-cisément soi-même une érotique de l'écriture qui est particuliè-rement branchée et articulée sur la saveur des mots, sur la saveur de la phrase, sur la saveur de ce qu'on appelait autrefois le style, alors quelques pages suffisent.

En fait, le grand problème, maintenant, c'est de faire du lecteur un écrivain. Le jour où l'on arrivera à faire du lecteur un écrivain virtuel ou potentiel, tous les problèmes de lisibilité disparaîtront. Si on lit un texte apparemment illisible, dans le mouvement de son écriture, on le comprend très bien. Evidem-ment, toute une transformation, — je dirais presque une édu-cation — est à faire; pour cela, il faut une transformation sociale. De même qu'il y a eu en peinture l'*action-painting*, j'envisagerais bien quelque chose comme l'*action-writing*, mais à supposer, bien entendu, qu'il y ait aussi des circuits nombreux pour ces textes, de façon à ce qu'on ne soit pas agressé par des textes « casse-pieds », si je puis dire — c'est-à-dire inadéquats —.

Maurice NADEAU

Je partage tout à fait tes vues utopiques. Avec d'autant plus de plaisir que je vois cette utopie prendre corps. J'ai reçu une lettre, il y a quelques mois, d'un animateur de comité d'entreprise. Il écrivait : « Votre journal distribue le savoir, l'analyse, et nous, nous lisons, nous sommes des consommateurs. Pourquoi ne pourrions-nous pas écrire dans votre journal ? ». Je lui ai répondu : tout à fait d'accord, avant de me trouver devant de grandes difficultés. Dans *La Quinzaine Littéraire* écri-vent beaucoup de professeurs, de spécialistes, d'amateurs raf-finés. Est-ce qu'à l'ouvrier du bâtiment qui m'a écrit, je vais dire : « On va vous faire un coin dans le journal, vous confiner en somme dans un ghetto » ? En outre, qui va faire le tri parmi les textes ? Selon quels critères ? Faut-il publier un texte parce qu'il révèle seulement une certaine sincérité dans le récit d'une expérience ? Ou parce qu'il accède déjà à un niveau littéraire ?

Roland BARTHES

Ce sera plein de difficultés, parce que les gens dont tu parles vont arriver à l'écriture ayant déjà une culture; le risque est alors pour eux que le texte soit une sorte d'espace *expressif*; en réalité, il faudrait qu'ils arrivent à comprendre que le texte est un espace séducteur, et que, par conséquent, il faut se poser des problèmes de séduction quand on écrit. Et pour séduire l'autre, c'est toute un aventure. Autrefois, la rhétorique avait pensé le résoudre, car elle a été en grande partie un art supposé de la séduction. Mais maintenant, elle ne suffit pas. Le problème est donc de savoir ce que peut être une séduction du texte aujourd'hui, comment la concevoir, comment la faire comprendre, et surtout comment en faire admettre la nécessité à ceux qui veulent écrire ?

Maurice NADEAU

Mais pourquoi une sous-littérature n'aurait-elle pas droit à l'existence ?

Roland BARTHES

Pas si elle est ennuyeuse. Je suis de mauvaise foi, parce que ce qui ennuie l'un n'ennuie pas l'autre, etc. C'est très compliqué. Mais en tout cas, je pense qu'il faut de plus en plus se poser le problème de l'érotique du texte. Les textes dits érotiques ne coïncident souvent pas du tout avec une érotique du texte, c'est-à-dire un texte qui tente vraiment d'inscrire en lui le corps du scripteur, de rejoindre le corps du lecteur, et d'établir une sorte de rapport amoureux, entre ces deux corps qui ne correspondent pas à des personnes civiles et morales, mais à des figures, à des sujets défaits, à des sujets civilisés. En tout cas, la littérature ne peut pas résoudre elle-même et elle seule ses propres problèmes.

Maurice NADEAU

Là-dessus nous étions d'accord dès le début de notre entretien. L'activité écrivante s'insère parmi les autres activités sociales. Elle noue avec le complexe social des rapports dialectiques. Elle a besoin de savoir la façon dont la société s'aidera pour s'aider elle-même.

Roland BARTHES

C'est un problème d'aliénation sociale. Une quantité de statistiques nous ont dit que les Français étaient l'un des peuples qui lisait le moins, puisqu'en gros un Français sur deux ne lit pas. Mais il ne faut pas non plus être trop rigoriste. S'il y a toute une littérature qui ne se lit pas, en même temps, elle se connaît, c'est-à-dire qu'elle a tout de même une valeur de fécondation. C'est là un phénomène sociologique nouveau, important; par exemple, vous avez des auteurs dont la notoriété est sans mesure avec le tirage, des auteurs dont les tirages effectifs sont très réduits, et qui, pourtant, sont tout de même connus du grand public intellectuel, et donc ont une fonction, un rôle.

L'écriture n'agit pas seulement par sa littéralité, par sa capture, par la lecture, au sens propre, mais aussi un petit peu par osmose, par métonymie. Il y a une espèce de lecture paroptique, paracoustique, qui se produit.

Mais tant que l'œuvre sera un piège amoureux, on peut espérer que la littérature durera...

II

LITTÉRATURE ET SOCIÉTÉ

●

Georges DUBY   Pierre BARBERIS

Diffusé par France-Culture
le 2 avril 1974
(97 L 359)

Pierre BARBERIS

Docteur ès lettres.

Maître de conférences à l'Ecole Normale Supérieure de Saint-Cloud.

A publié (entre autres) :

Balzac et le mal du siècle, contribution à une physiologie du monde moderne, Paris, Gallimard, 1970.

Balzac, pour une mythologie réaliste, Paris, Larousse, 1971.

Le Père Goriot de Balzac, écriture, structures, significations, Paris, Larousse, 1972.

Lectures du réel, Paris, Editions sociales, 1973.

Le monde de Balzac, Paris, Arthaud, 1973.

Georges DUBY

Professeur au Collège de France, titulaire de la chaire d'histoire des sociétés médiévales.

Professeur à l'Université d'Aix-Marseille.

Directeur des revues : *Etudes rurales* et *Revue historique.*

A publié (entre autres) :

La société aux xie et xiie siècles, Paris, A. Colin, Prix Gobert 1954.

L'économie rurale et la vie dans les campagnes de l'Occident médiéval, Paris, Aubier, Prix Gobert 1962.

Adolescence de la chrétienté occidentale, Genève, Skira, 1967.

L'An Mil, Paris, Julliard, 1967.

Les procès de Jeanne d'Arc (en coll.), Paris, Julliard, 1974.

LITTÉRATURE ET SOCIÉTÉ

Pierre Barberis

Mes recherches portent sur les relations entre littérature et société. J'ai donc toujours eu, ou toujours cherché à avoir, avec l'Histoire, les historiens, des relations qui ne sont peut-être pas très familières ou habituelles aux littéraires.

Je voudrais faire une deuxième remarque. Bien entendu, le titre est ambigu car « Littérature et société », cela peut être aussi bien la littérature comme phénomène social, la littérature comme fait de civilisation, ou bien la lecture de la littérature, savoir en quoi la relation littérature-société peut nous aider à comprendre la littérature. Je voudrais bien préciser que ma démarche a une valeur et une ambition d'abord tactique. L'école que j'ai subie, qui m'a formé, ne nous apprenait guère à comprendre les relations réelles entre la littérature et la société. Le psychologisme des manœuvres, les histoires littéraires, le pseudo-historicisme de l'école lansonienne, faisaient que ces rapports nous paraissaient très mal posés. Par conséquent, je réagis d'abord à court terme contre un certain type de lecture de la littérature.

Je proposerais à Georges Duby, pour point de départ, une formule bien connue, qui a eu une fortune considérable au début du XIXᵉ siècle, une formule de Bonald : « La littérature est l'expression de la société ».

Lorsque Bonald a écrit ceci pour le « Mercure de France », sous l'Empire, c'était dans une intention assez particulière : il voulait démontrer qu'une société a la littérature qu'elle mérite, et qu'une société mauvaise, pourrie, corrompue, dans son esprit

très précisément la société du XVIIIᵉ siècle, celle qui avait fait
la Révolution, avait nécessairement une littérature immorale,
une mauvaise littérature. Dans l'idée de Bonald, la formule :
« La littérature est l'expression de la société », avait une valeur
répressive. Or elle a connu une fortune singulière, car, très vite,
elle a été reprise des mains de Bonald par d'autres analystes du
problème littéraire et du problème social, et en particulier les
saint-simoniens, les jeunes écrivains du Globe, dans les années
24/25, qui lui ont donné un sens complètement nouveau. Pour
eux, il ne s'agissait plus de dire qu'une société mauvaise a nécessairement une mauvaise littérature, mais de trouver une explication scientifique de la littérature. Ils s'appuyaient notamment
sur les premières réflexions de Mᵐᵉ de Staël, son ouvrage *De la
littérature* où elle aussi essayait d'établir une relation précise,
scientifique, entre littérature et société. Lorsque les gens du
Globe, comme Rémusat, lorsque les saints-simoniens, se sont
emparés de la formule de Bonald, ils ont cherché à lui donner
un contenu positif et nouveau.

Georges DUBY

J'adhère tout à fait à l'idée de choisir cette formule comme
tremplin. Moi qui veux être historien des sociétés, j'utilise le
document littéraire comme une source d'informations — toutes
fragmentaires, disjointes, dispersées — sur le milieu social qu'il
prétend décrire, information qu'il faut interpréter en tenant
compte et de la position de l'auteur dans la société, et de celle
de son public. Pour cela, je lis évidemment d'une certaine manière,
en fonction d'un questionnaire déjà tout prêt. Je considère
d'autre part qu'il y a, dans l'œuvre littéraire — non pas dans
toutes les œuvres littéraire, et c'est d'ailleurs ce dont nous
pourrons discuter —, l'expression globale, sinon d'une structure
sociale, du moins d'une certaine représentation collective, une
image mentale de ce que fut, pour les contemporains, la société
d'une époque donnée.

Pierre BARBERIS

Ceci pose un problème important. Le document littéraire est
bien sûr un document historique, et peut être lu en tant que tel.
Ceci dit, il a son langage propre, et il dit des choses que ne dit pas
le document historique.

Que le document littéraire ait valeur historique, c'est incontestable, et on pourrait en donner de nombreux exemples. Il n'en demeure pas moins qu'à partir du moment où on fait la lecture historique du document littéraire, le document littéraire ne cesse pas pour autant d'être intéressant en tant que littéraire, c'est-à-dire que la lecture de sa signification historique fait qu'il y a, malgré tout, un reste. C'est précisément sur la signification historique de ce reste que j'aimerais m'interroger.

Je voudrais essayer de préciser ma pensée. Il me semble que, très souvent, la littérature anticipe sur l'Histoire. J'entends par là que l'expression du caractère problématique et contradictoire du réel par la littérature anticipe très souvent sur des analyses proprement historiques. Je vais emprunter un exemple à une période que je connais bien. Lorsqu'en 1825, Stendhal explique que les industriels sont les champions de la liberté, c'est-à-dire les libéraux de l'époque, lorsqu'il dit que les industriels ont besoin d'un certain degré de liberté, il fait de la liberté, de la conception politique de la liberté du parti industriel et libéral, une lecture que, nous, qui, bien entendu, avont été formés par Marx, faisons plus rapidement. Mais, à cette époque, le texte littéraire de Stendhal anticipe sur des analyses politiques. C'est d'ailleurs l'une des justifications de la littérature que ce pouvoir d'anticipation sur des analyses proprement politiques ou historiques. Il n'en demeure pas moins que lorsque je lis ces textes de Stendhal des années 1825, ma lecture historique les éclaire; je les comprends mieux ainsi et, pourtant, ils ne sont pas épuisés pour autant, ils demeurent des textes ayant leur valeur propre. C'est là mon problème du « reste ». Quelle est la valeur historique de ce « reste » du littéraire, après le passage de la lecture historique ?

Georges DUBY

Ne pensez-vous pas que, pour tenter de s'approcher de ce problème central, nous pourrions partir de la création littéraire ? La matière culturelle que l'écrivain essaie d'élaborer fait partie d'un élément très complexe, qu'on pourrait appeler une formation sociale. D'autre part, il tente de présenter au public qu'il espère atteindre une certaine vision de la société qui, en même temps qu'elle est la sienne, doit satisfaire du moins en partie ceux qui vont lire son œuvre, l'écouter ou la regarder. Qu'en pensez-vous ?

Pierre BARBERIS

Je ne crois pas qu'il faille engager un débat sur le concept de
« création littéraire », très fortement connoté aujourd'hui, fortement mis en question. Les connotations métaphysiques de « création » sont assez gênantes; j'aimerais mieux parler d'entreprise
que de création.

Au moment où l'écrivain écrit, où il recourt à un langage
littéraire, il a des raisons. On invente, on forge, on fabrique un
langage littéraire lorsqu'un autre type de discours ne fonctionne
pas. Je reprends mon exemple de Stendhal. En 1825, il y a un
discours politique qui fonctionne très bien, celui de Paul-Louis
Courier, le discours du pamphlet. Or le discours de Paul-Louis
Courier est manichéen, en noir et blanc, et fonctionne très bien
tant qu'on admet que la contradiction principale de la société
oppose la gauche et la droite de l'époque, c'est-à-dire les libéraux
et les ultras. La masse libérale étant indifférenciée, englobant
aussi bien les ouvriers que les patrons, les intellectuels que les propriétaires d'usines, etc. Pour Paul-Louis Courier, tous ces gens
ont les mêmes intérêts, donc la même idéologie, et s'opposent de
la manière la plus claire aux ultras, aux revanchards de la Restauration, etc. Cette analyse de Paul-Louis Courier fonctionne
encore en 1825, pour beaucoup de gens, d'autant plus que le
ministère Villèle provoque, dans la masse pensante française,
et aussi dans les masses populaires, des réactions aisément sim-
plificatrices.

Il n'en demeure pas moins que Stendhal, obscurément, s'aperçoit que le discours de Paul-Louis Courier ne marche pas, c'est-à-
dire que la contradiction fondamentale de la société a cessé
d'être la contradiction libéralisme-ultras, a cessé d'être la contradiction que nous appellerions aujourd'hui la contradiction bour-
geoisie-aristocratie. Mais comment le dire ? Le vocabulaire politique, le discours politique qui fonctionnent à l'époque, disent
que la contradiction principale est aristocratie-bourgeoisie, alors
que Stendhal, lui, sent que ce conflit est en train d'être dépassé;
en termes modernes, que l'axe des luttes de classes se déplace. La
collision sociale tend à ne plus être la collision aristocratie-
bourgeoisie mais à s'installer à l'intérieur même du bloc libéral.
Il n'y a pas encore de peuple, bien sûr, mais il y a ce que Stendhal
appelle la classe pensante, il y a la jeunesse, il y a les femmes,
tous ceux qui ne marchent plus à l'intérieur du système établi.
Stendhal fabrique alors un nouveau discours, et c'est là qu'intervient la littérature.

Ce discours est littéraire en ce sens qu'il ne dispose pas de concepts clairs, qu'il ne peut pas donner d'analyses parfaitement satisfaisantes. N'empêche qu'il y a invention. De deux manières. Premièrement, ce nouveau discours bouleverse, subvertit de l'intérieur la forme du pamphlet. Le pamphlet stendhalien ne fonctionne plus comme le pamphlet de Paul-Louis Courier. Ce n'est plus un pamphlet manichéen. C'est un pamphlet où les choses apparaissent moins nettes, mais, très vite, il met en cause le vocabulaire même du pamphlet, et Stendhal va écrire *Armance*. On y voit un fils de l'aristocratie, un jeune noble polytechnicien, ce qui est très important du point de vue historique, car c'est un fils de l'aristocratie qui est en rupture avec sa propre classe et qui, deuxièmement, en tant que polytechnicien, refuse de se mettre au service de ce qu'il appelle *les gens de la Chaussée d'Antin,* c'est-à-dire les propriétaires des moyens de production.

Ces inadéquations nouvelles, le discours politique établi, reçu, ne peut plus les dire. Il faut inventer un nouveau langage : d'où 1°) la subversion du pamphlet, 2°) le recours au roman. C'est là que l'historien d'aujourd'hui se trouve confronté à la question : comment et pourquoi est-ce le discours littéraire qui, en 1825, a opéré ce premier démontage, que les historiens d'alors — que ce soit Thiers, Guizot, etc. — ne voient absolument pas ?

Notre raisonnement pose aussi le problème des œuvres des écrivains dits réactionnaires. Delessort disait : « Un grand écrivain n'est jamais réactionnaire ». Il ne faut pas confondre la prise de position explicite de l'écrivain et l'effet de son texte. Il peut très bien, lui, dans le champ politique de son temps, être un réactionnaire. Il s'agit de voir comment fonctionne son texte. Je pourrais prendre des exemples au XIXe, mais il y en a un, au XXe, qui me paraît absolument foudroyant, celui de Céline. Céline est un fasciste; je maintiens que le texte célinien est un texte révolutionnaire. Aujourd'hui, on commence à s'apercevoir, même à gauche, que l'écriture célinienne est révolutionnaire; que les prises de position de Céline sont une chose, et ce qui se passe quand Céline écrit, une autre.

Y a-t-il des grandes œuvres réactionnaires ? Je ne le crois pas. Il y a des écrivains qui ont pris des positions politiques concrètes elles-mêmes réactionnaires, mais il faut voir comment fonctionnent leurs textes. Je ne vais pas vous refaire la démonstration pour Balzac : « J'écris à la lumière de ces deux vérités, le trône et l'autel », etc. Il se trouve que, comme par hasard, les maurrassiens, les hommes de droite, n'ont jamais voulu de l'œuvre de cet homme-là !... Il y a quand même bien une inversion !

On n'a pas le droit de barrer le texte célinien au nom des positions politiques de Céline. C'est très important, parce que cela veut dire qu'on se sent assez de force pour intégrer l'héritage culturel, pour intégrer ce qu'il y a de fort, ce qu'il y a de valable dans l'héritage culturel. La fameuse phrase de Sartre, qui date maintenant de vingt ans, est plus vraie que jamais : « La bourgeoisie est en train d'évacuer la culture ». C'est la bourgeoisie qui ne veut pas assumer l'héritage culturel. C'est chez Bonald que se trouve la première théorie du paupérisme et du caractère fatal de la paupérisation dans la société française du début du XIXe siècle. Alors, que Bonald ait été le théoricien du pouvoir absolu, tant pis pour lui ! Il y a certes une relation auteur-œuvre, mais l'œuvre est une chose et l'auteur une autre; il ne faut pas mélanger.

Georges DUBY

Ce qui m'inquiète un peu, c'est que les formules que j'emploie, ma conception même des problèmes qui vous préoccupent, Pierre Barberis, risquent de vous paraître inadéquates. J'aurais tendance, personnellement, à me demander d'abord : lorsque Stendhal écrivait *Armance,* à qui voulait-il s'adresser ? qu'essayait-il, consciemment ou inconsciemment, d'exprimer ? ce contact qu'il avait lui-même avec une société, dans quelle mesure marquait-il son dicours ? Par conséquent, je ne sais pas si, essayant d'atteindre le « reste » dont vous parlez, essayant, au fond, de définir si l'œuvre littéraire est véritablement prémonitoire, nous n'aurions pas intérêt à considérer une « production » courante, mineure, ordinaire, plutôt que d'appliquer notre attention à des « entreprises » qui s'érigent au-dessus de la moyenne, et qui sont vraiment des « créations ».

Pierre BARBERIS

On a toujours des problèmes de définition. Il s'agit de savoir ce qu'on entend par *littérature.* Si vous prenez « littérature » au sens de « production de masse », ce qu'on lisait en 1825, il est bien évident que ce n'était pas *Armance.*

Georges DUBY

Mais cela ne m'intéresse non moins, moi historien.

Pierre BARBERIS

Sociologiquement, on lisait alors ce que Stendhal appelle les romans pour femme de chambre — il disait aussi les romans pour marquise, les romans pour les marquises et pour les femmes de chambre, les femmes de chambre et les marquises qui leur ressemblent —.

Mais s'agit-il là de littérature ? Je ne le crois pas parce qu'il s'agit d'une littérature qu'on appellerait avec notre jargon d'aujourd'hui, une littérature idéologique, c'est-à-dire une littérature qui s'enferme à l'intérieur d'une représentation du monde, qui l'accepte et la véhicule. Pour moi, ce n'est pas cela la littérature. C'est peut-être la littérature d'un point de vue quantitatif, statistique, mais ce n'est pas la littérature en tant qu'activité spécifique, c'est-à-dire en tant que mode de connaissance. Les romans de Mme Guizot, en 1825, les romans de Mme de Montolue, après, toute cette littérature féminine massivement distribuée et lue, est-ce cela, la littérature ? Je ne le crois pas... Ce n'est pas un mode de connaissance; cette « littérature »-là n'apprend pas à lire le réel. On en vient alors à tenter de cerner le concept même de littérature. Je dis qu'il y a littérature lorsqu'il y a amorce d'un processus de connaissance du réel, et que si cela ne fait pas avancer la connaissance du réel, il ne s'agit pas de littérature...

Georges DUBY

Processus de connaissance du réel de la part de qui, de celui qui écrit, ou de celui qui lit ?

Pierre BARBERIS

Les deux. Il y a celui qui écrit, bien entendu, qui s'interroge, qui considère que les instruments d'analyse à lui fournis ne conviennent plus, et qui cherche à dire ce qu'il perçoit, ce qu'il ressent, ce qu'il voit, ce qu'il vit. Mais il y a aussi le problème du lecteur. Cette littérature, avec sa fonction de connaissance, sa fonction d'avant-garde — Stendhal lui-même le dit — est faite pour les « happy few »; elle est destinée à un public potentiel, peu nombreux pour l'instant, peut-être plus nombreux un jour, on ne le sait. Comment est-ce reçu sur le moment ? En général, très mal. L'exemple d'*Armance* prouve que cela n'a absolument pas été compris. J'ajouterai que si *Armance* n'a pas été compris sur le moment, *Armance* a également été très mal compris par les stendhaliens, car toute l'école d'Henri Martineau en a constamment censuré l'aspect socio-politique, et s'est enfermée dans des histoires de psychologie, d'impuissance d'Octave, de souvenirs de Stendhal, etc.

Aujourd'hui, qu'est-ce qui fait que nous pouvons faire une lecture politique, une lecture historique d'*Armance* ? C'est d'abord le progrès de la science historique elle-même, et aussi le progrès des luttes politiques, qui fait que nous utilisons l'Histoire pour lire d'une certaine manière. Je réponds ainsi à votre question : le lecteur qui m'intéresse, c'est le lecteur d'aujourd'hui, celui qui est passé par un certain nombre d'étapes — théoriques aussi bien que pratiques —, qui font que, pour lui, le texte qui pouvait n'apparaître que comme un texte littéraire frivole, assez limité dans ses ambitions, dans ses effets, est devenu un texte historique.

Mais le texte littéraire, devenant un texte historique, demeure, malgré tout, un texte littéraire, c'est-à-dire qu'il n'est pas réduit à l'état de pur document. Le fait que je puisse, aujourd'hui, comprendre ce que signifie le fait que le héros polytechnicien de Stendhal ait été un impuissant sexuel, le fait que je puisse mettre en relation cette impuissance sexuelle avec une impuissance sociale, avec la situation de quelqu'un de coincé, etc., cela ne fait pas que le roman ait perdu pour moi tout intérêt. Bien au contraire, il demeure roman.

Georges DUBY

Ce que vous dites là me paraît important. L'historien peut être intéressé par *Armance,* s'il veut comprendre, lui, ce qu'était le milieu social dans lequel Stendhal était plongé et s'il veut restituer la conscience que Stendhal prenait de sa propre position. Et il peut, d'autre part, s'intéresser à *Armance* comme témoignage sur la société de 1974, lorsqu'il se demande comment Pierre Barberis lit *Armance*.

Pierre BARBERIS

Absolument. Je pense qu'un texte n'existe que par ses lectures. C'est en cela que, tout à l'heure, je m'élevais contre cette conception un peu métaphysique de la création littéraire. Tant que le texte n'est pas lu, il n'existe pas, et Valéry l'a dit : toute intervention d'un nouveau lecteur fait un texte nouveau. La lecture d'*Armance* que je propose n'est d'ailleurs pas gagnée, car les stendhaliens eux-mêmes, quand on leur met le nez sur le fait que le polytechnicien en question refuse de servir les gens de la Chaussée d'Antin, font la petite bouche : il y a des résistances à cette lecture dans notre société, des résistances qui ne sont pas d'ordre intellectuel abstrait, mais plutôt politiques et extrêmement concrètes.

Georges DUBY

Je suis tout à fait d'accord. Mais malgré tout très intéressé par la distorsion qui peut exister entre le discours que vous tenez sur *Armance* et *Armance*.

Pierre BARBERIS

Je ne prétends pas épuiser le sens d'*Armance*. Je dis qu'*Armance* peut être lu ainsi, car c'est l'un de ses sens, non seulement potentiels, mais même explicites. Il y a des phrases explicites, dans *Armance,* qu'on ne relève jamais. C'est donc un phénomène de censure qui joue. Ceci dit, la lecture que je propose n'est pas exclusive. Le débat est ouvert, mais moi, j'annonce la couleur ! Il n'y a pas d'enseignement neutre, il n'y a pas de lecture neutre.

Georges DUBY

Absolument.

Pierre BARBERIS

Je voudrais ajouter autre chose. Vous disiez tout à l'heure que cela nous conduisait à 74. Bien sûr, si la lecture a pouvoir de connaissance historique, si elle a pouvoir d'anticipation. Je pourrais prendre un autre exemple, qui m'est très cher. On pourrait étudier dans quelle mesure le roman d'Aragon *La Semaine Sainte* a dit, en 1959, des choses qui, politiquement, ont été vérifiées ultérieurement.

Dans la mesure où la littérature a ce pouvoir de connaissance et ce pouvoir d'anticipation, cela veut dire qu'il faut qu'elle soit lue. Pour l'écrivain — et l'écrivain ce n'est pas seulement le poète ou le romancier, mais aussi le critique, car, aujourd'hui, il n'y a plus de hiérarchie entre discours critique/discours non critique —, pour l'écrivant, comme dit Sartre, il existe des moments — presque tous les moments — où il n'y a de permission à demander à personne. L'écrivain doit prendre ses risques en toute responsabilité, mais nulle instance ne doit intervenir pour bloquer ce pouvoir de lecture de la littérature.

C'est extrêmement important, car cela signifie, à mes yeux, que la littérature ne mourra pas. J'ai vécu la période d'après la Libération, et j'ai cru moi-même que la littérature était une forme culturelle appelée à dépérir le jour où une humanité plus consciente, mieux armée conceptuellement, politiquement, etc., marcherait vers un destin plus sûr, et j'ai pensé autrefois que la littérature pouvait peut-être appartenir à une forme préhistorique de la culture. Ayant vécu les dix ou quinze dernières années, et les années d'aujourd'hui, j'ai changé d'avis. L'analyse politique et l'analyse historique voient certaines choses, mais pas tout. Dans toute situation historique, pour la conscience, pour l'être, pour les hommes qui vivent cette situation, il y a toujours de l'historique non dominé. Or, cet élément historique non dominé, l'Histoire, l'analyse historique et l'analyse politique ne peuvent pas le saisir. C'est le discours littéraire, c'est l'acte littéraire, en tant qu'acte spécifique, qui le saisit et l'exprime.

C'est ici que la littérature fait fonction historique, car l'Histoire — Histoire et historiens —, le discours historique, saisit le réel historique quand les choses se sont mises un peu en place. Je voudrais donner deux exemples. En 1820, un historien professionnel, Augustin Thierry, dit : je n'avais jamais rien compris aux révolutions d'Angleterre avant d'avoir lu les romans de Walter Scott; ce jour-là, j'ai compris qu'il ne s'agissait pas de révolutions de palais, mais que cette relation entre conquérants et conquis, avec la théorie des races, etc., donnait une clé pour la lecture de l'Angleterre, de l'histoire anglaise. L'autre exemple est encore plus célèbre; c'est la fameuse lettre de Engels à Miss Harkness, dans laquelle il écrit : j'ai plus appris chez Balzac que chez les historiens et les économistes de profession. Il y a donc là une double reconnaissance du pouvoir spécifique de décrire le réel de la littérature, reconnaissance qui vient des historiens eux-mêmes.

Aujourd'hui, il ne faut pas plaquer mécaniquement des schémas valables pour le XIXᵉ siècle. Il est certain que le développement de la scicence historique, de la conscience politique, et le développement des luttes font qu'on est mieux armé. Il y a, par exemple, moins de décalage entre la vision que Marx a eu de la révolution de 1848 et celle de Flaubert dans *L'Education senti-mentale,* qu'entre Walter Scott et Augustin Thierry en 1820. J'en reviens à mon idée d'historique non dominé. Cette frange, cette marge qui est notre destin, ce qui est encore non connu de l'Histoire, l'émergence des contradictions nouvelles, qui est la rançon même du progrès, la littérature l'a dit. Et elle n'est pas là en contradiction avec l'Histoire. Elle joue son rôle historique, spécifique.

Georges Duby

Ne croyez-vous pas que la liberté de l'écrivain est toujours partielle ?

Pierre Barberis

Bien sûr, je ne veux pas faire de lui un démiurge, toujours à l'avant-garde, sur la pointe des rochers, ou vivant dans les astres !

Georges Duby

Cet écrivain m'intéresse dans la mesure même où il est à la fois prisonnier de quelque chose qui détermine sa manière d'écrire, et où, dans le même temps, il s'en libère. C'est cette part de liberté que l'historien professionnel est sans aucun doute capable, mieux que les lecteurs contemporains, de circonscrire. Ce qui constitue d'ailleurs pour lui une voie d'approche extrême-ment importante, vers une compréhension de la société d'une époque. Je n'arrive pas, en face de vous, à me départir de mon attitude qui consiste à considérer une société ancienne dans sa globalité. C'est-à-dire à placer l'œuvre littéraire, exceptionnelle, extraordinaire, ou au contraire très ordinaire, à l'intérieur d'un ensemble qui la détermine, mais qu'elle surdétermine elle-même.

Pierre Barberis

Oui, car une fois que l'œuvre est écrite, elle agit. L'histoire n'est plus la même à partir du moment où quelque chose est écrit.

Georges Duby

Ce sont ces ondes qui, peu à peu, se développent, se transforment avec le temps, se répercutent, qui vont buter contre tel ou tel obstacle — c'est ce jeu d'influences, d'interférences — qui m'intéresse spécialement. Comment une œuvre majeure a-t-elle été brusquement lancée; pourquoi n'a-t-elle pas été immédiatement reçue, comprise; pourquoi lui a-t-on découvert, à tel ou tel moment, un sens nouveau; comment les interprétations se sont-elles heurtées; comment se heurtent-elles encore ? Voilà, pour l'historien des mentalités, un champ de recherche fondamentalement opportun.

Pierre Barberis

Le lecteur est en effet dans l'idéologie de l'époque, et a du mal à en sortir. Une œuvre qui fait effraction dans l'idéologie, qui fait craquer cette croûte, cette carapace d'idéologie, ne peut être comprise du lecteur qui est, lui-même, immergé dans cette même idéologie.

C'est là qu'intervient un facteur très important, l'école. Il ne faut pas oublier que, depuis le xixe siècle, et, surtout, depuis la fin du xixe siècle en France, la littérature est d'abord une matière d'enseignement. Comment lit-on, par quoi lit-on, à travers quoi lit-on : à travers le discours de l'école. A partir de la fin du xixe siècle, quand l'étude de la littérature est devenue un phénomène scolaire global, cette école entendait-elle nous faire lire réellement la littérature ? Non, puisqu'elle ne voulait pas qu'on lise l'Histoire. D'où la mise en place d'un discours mystificateur qui nous empêchait de lire, qui obscurcissait le sens. Dans notre société d'aujourd'hui, la littérature est profondément liée à l'institution et à la pratique scolaires.

Pour la quasi totalité des Français, la lecture est liée à des souvenirs scolaires. C'est un aspect important, car si nous ne lisons pas, ou si nous avons du mal à lire la littérature en fonction de ses relations vraies avec la société, c'est parce que l'institution scolaire ne voulait pas que nous lisions ce rapport.

Le lansonisme, par exemple, a prétendu honnêtement établir un lien entre littérature et société. Etait-ce un lien valable ? En fait, il existait un pseudo-historicisme, une pseudo-lecture historique. Je vais essayer d'en prendre un exemple. Pour l'historiographie littéraire traditionnelle, les coupures sont essentiellement les grandes coupures politiques. J'ai cherché en vain une histoire littéraire dans laquelle, par exemple, les grandes crises économiques soient plus importantes que les coupures politiques. Sur un exemple que j'ai travaillé, je pourrais argumenter pour démontrer que la crise économique de 1827 est beaucoup plus importante, pour l'histoire des mentalités, la relance du romantisme, que la révolution de 1830. Or l'historiographie officielle vous parlera toujours des barricades de Delacroix, mais jamais de la première grande crise de surproduction de 1827. Cela va loin : établir une relation entre la première grande crise de surproduction en 1827, la première avalanche des faillites, le premier moment où le capitalisme français s'aperçoit qu'il n'a pas créé l'harmonie, et l'année fracture 27/28 qui voit le *Joseph Delorme* de Sainte-Beuve, *Les derniers jours d'un condamné* de Hugo, *Armance*, etc.

Georges DUBY

Vous êtes fort critique à l'égard d'une histoire de la littérature, parce que celle qui vous est familière, celle du XIXᵉ siècle, n'est peut-être pas la plus avancée. Je ne sais si je prêche pour mon clocher, mais j'ai l'impression que l'histoire de périodes plus anciennes, la moderne, la médiévale, est, au plan de la problématique, de la technique d'explication historique, singulièrement plus avancée, actuellement, qu'une histoire d'un passé moins lointain. Je pourrais vous répondre, par exemple, qu'un livre comme celui de Paul Hazard (1) était, pour la littérature du XVIIᵉ siècle français, singulièrement éclairant en son temps. Et je pourrais aussi, me réfugiant, pour mon confort personnel, dans un domaine de recherches qui est le mien, dire, s'il s'agit d'examiner les rapports possibles entre littérature et société au XIIᵉ siècle, que des recherches déjà anciennes sur l'évolution économique de l'Occident à cette époque, des recherches plus récentes, encore imparfaites, sur l'évolution sociale de l'Occident à cette époque, permettent, à mon avis, de situer de manière beaucoup plus satisfaisante la littérature courtoise, par exemple, de la mettre en rapport plus précis avec un certain nombre de structures, qui relèvent des relations économiques, à un certain niveau de l'édifice social.

D'autre part, vous dites que l'école — et vous pourriez le dire

(1) Paul HAZARD, *La crise de la conscience européenne à la fin du* XVIIᵉ *siècle*, Paris, Alcan, 1935.

de tous les systèmes d'éducation, car il y en a d'autres —, entend faire prendre des vessies pour des lanternes. L'école est, bien entendu, l'élément d'un appareil idéologique qu'il convient d'examiner de près, de démonter pièce à pièce afin de le démystifier. Or il ne nous est guère facile de démystifier le système idéologique dans lequel nous baignons. Voici l'avantage dont jouit l'historien : lui peut travailler efficacement sur ce qu'il aperçoit des idéologies du passé et se livrer, à propos d'elles, parce qu'elles n'ont plus guère de rapport avec ce qui l'entoure et ce dont il vit, à cette nécessaire entreprise de démystification. L'histoire nouvelle appelle en effet une histoire des idéologies. Histoire difficile, et pour laquelle le matériel littéraire est fondamental, livrant des données essentielles, qu'il s'agisse des thèmes, qu'il s'agisse du vocabulaire, de l'agencement d'un vocabulaire.

Pierre BARBERIS

Il y a tout un travail de déchiffrage scientifique qui est fait pour des périodes assez anciennes, mais il demeure relativement peu satisfaisant pour le XIXe siècle, par exemple, S'il y a résistance, blocage, si les efforts n'ont pas été réellement faits pour décoder la réalité historique du XIXe siècle, c'est peut-être en raison de la profonde ressemblance, de la profonde continuité, entre ce XIXe siècle et notre époque. Posé en termes clairs, le problème des rapports entre les soubresauts, les crises économiques du XIXe siècle, et l'évolution culturelle du XIXe siècle, conduirait à une réflexion non plus seulement sur le XIXe siècle, mais sur les problèmes immédiatement contemporains. Ce n'est pas un hasard si l'histoire de la Restauration n'est pas réellement faite. C'est une époque profondément négligée.

Georges DUBY

Il est plus confortable de faire celle de la Première Croisade... Il faut bien se rendre compte à quel point l'approche sociologique de l'actualité est difficile. Elle est contrecarrée par tout un emboîtement idéologique dont il est vain d'espérer pouvoir se dégager tout à fait. D'abord, nous ne savons pas quelle est la véritable structure de notre société. D'autre part, cette littérature qui est naissante, dont les œuvres les plus importantes ne sont peut-être pas d'ailleurs publiées, éditées, remarquées, comment pourrions nous la juger ? Nous ne jugeons pas, en particulier, de ce qui est essentiel, de la nouveauté, de ce que ces œuvres peuvent avoir de prémonitoire : par définition, cette annonce encore « illisible » nous échappe. Il faut du recul pour discerner convenablement les relations subtiles, complexes, différentes aux divers niveaux de culture, entre les rapports de société et la création littéraire.

Pierre BARBERIS

Prenons l'exemple de Roger Vailland. On l'a très mal jugé; on n'y a rien compris quand on avait le nez dessus. Quand *La Loi* parut en 58, on n'a pas compris, on a asséné des jugements très sommaires : il a abandonné l'action politique, il donne dans le libertinage, etc. Dix ans après, les choses commencent à se mettre en place.

Il est un autre aspect du problème qui m'intéresse sur quoi j'aimerais vous interroger : la littérature comme fait social, comme fait culturel, c'est-à-dire phénomène de production, phénomène de consommation, phénomène de distribution, etc. A l'heure actuelle, les efforts sont profondément dispersés : d'un côté, des historiens s'interrogent à ce sujet, des littéraires aussi, mais ils ne travaillent pas du tout ensemble.

Georges DUBY

Ils commencent à travailler ensemble. Il y a de plus en plus d'historiens qui traitent le matériel littéraire parmi d'autres matériaux, et de la même façon, en le soumettant à des questionnaires semblablement construits. D'autre part, une certaine histoire littéraire émerge petit à petit, infiniment plus lucide, pour les périodes anciennes surtout, qu'elle ne l'était il y a vingt ans.

Pierre BARBERIS

Ne pensez-vous pas qu'il y a là un problème de structure, une pratique même de structures universitaires ? C'est le serpent de mer de l'interdisciplinarité. Je voudrais trouver certaines réponses chez les historiens et je ne les trouve pas. Il est bien probable, à l'inverse, que des historiens souhaiteraient trouver chez des spécialistes de l'histoire de la littérature des réponses qu'ils ne trouvent pas non plus.

Georges Duby

L'histoire littéraire se trouve plus que tout autre engoncée dans un système scolaire, dont vous avez marqué le caractère conservateur (tous les systèmes d'éducation ne le sont-ils pas, en fait, par nature ?) Mais je considère qu'une autre histoire, l'histoire de la production artistique, est déjà beaucoup plus libre, et permet de poser plus nettement les problèmes, et notamment celui-ci : pourquoi, comment la production picturale fut-elle, à certaines époques, et notamment vers la seconde moitié du XIXᵉ siècle, beaucoup plus évidemment prémonitoire que le roman ou que le théâtre ou que l'essai ? Cette relative avance d'une histoire des arts peut s'expliquer en France, par le fait que l'étude des phénomènes artistiques n'entre pas dans un certain programme scolaire.

Pierre Barberis

Ce sont des études qui demeurent effectivement marginales.

Georges Duby

On peut se poser aussi la question de savoir si le peintre, au XIXᵉ siècle, n'était pas plus libre, plus dégagé d'un certain nombre de contraintes, que ne l'était l'écrivain.

Pierre Barberis

Il n'y a d'ailleurs pas que le peintre, mais aussi l'auteur d'estampes, d'images, de ce que Balzac dit voir dans les chaumières de paysans. Il y a là tout un système d'images, un système de messages, que l'on ignore et que l'on n'étudie pas.

Georges Duby

Vous savez aussi qu'on trouve dans l'œuvre des peintres d'avant-garde de 1880, même lorsqu'ils étaient eux-mêmes aussi réactionnaires que Cézanne, les expressions d'un esprit révolutionnaire dont on commence seulement à déceler l'équivalent, masqué sous l'épaisseur du symbole linguistique, dans la poésie contemporaine.

Pierre BARBERIS

La question que je voudrais vous poser serait la suivante. Vous êtes historien des mentalités. Une mentalité a une dimension idéologique, elle est à l'intérieur d'un système, etc. Dans l'histoire des mentalités, un problème se pose, qui est celui de la prise de conscience. Il y a des ruptures, à l'intérieur de cette histoire. Si les gens sont prisonniers d'une certaine vision du monde, d'une certaine pratique, il n'empêche qu'il se produit ce que Péguy appelait des efforcements, c'est-à-dire que la conscience progresse à certains moments. Vous, historien des mentalités, quelle relation établissez-vous entre la description des mentalités et la compréhension de ce phénomène de la prise de conscience ?

Georges DUBY

Il faut s'entendre sur le sens du mot mentalité. Je me référerais volontiers à l'essai de définition que propose Jacques Le Goff dans une étude encore inédite : il réserve le mot de *mentalité* — d'ailleurs ambigu, insatisfaisant — au tout venant de la pensée, aux routines de l'esprit, à une trame de réactions intellectuelles banales, habituelles, à ce que tout le monde a dans la tête mais à quoi personne ne pense jamais. La prise de conscience se fait dans une large mesure contre les « mentalités », entendues de cette façon.

Pierre BARBERIS

La description des mentalités, cela peut donc être la description de quelque chose qui ne bouge pas. On a besoin de cette description statique : savoir comment les gens pensaient, quelle était leur idée du temps, etc. Je pense à ce que Lucien Faivre faisait pour Rabelais, par exemple.

Georges DUBY

Nous sommes là en effet dans des zones de temporalité d'un rythme extrêmement lent, au niveau d'une longue durée stagnante où ce qui est héritage, tradition, coutume, est infiniment pesant et submerge le peu qui pointe de progrès vers l'avenir.

Pierre BARBERIS

Il n'empêche qu'à certains moments des choses craquent, bougent, et c'est là que j'en reviens à mon propos précédent. Le discours littéraire, par les ruptures qu'il opère sur lui-même, est l'une des manifestations, l'une des preuves de ce que quelque chose est en train de bouger dans les mentalités. Reste que c'est quelquefois très longtemps après qu'on s'en aperçoit. Il a fallu beaucoup de temps pour que l'on comprenne l'importance de ce qui se passe quand le pamphlet stendhalien craque et lorsqu'il passe au roman en 1825. Il y a donc une mentalité 1825, une certaine vision du monde; puis, pour des raisons extrêmement complexes, sur certains points, des hommes commencent à penser autrement, commencent à se dire, par exemple, que le clivage principal n'est peut-être pas celui que l'on croyait, qu'il y en a peut-être un autre. On a du mal à lui donner un contenu nouveau, on a du mal à le matérialiser, à le concrétiser, parce que les formes de relève n'existent pas encore, mais il n'en demeure pas moins qu'il existe là un sentiment de porte-à-faux.
A partir de ce sentiment de porte-à-faux, il y a écriture. Cet acte de l'écriture consiste à saisir le néoproblématique, le néo-contradictoire, et à l'écrire dans un discours lui-même contra-dictoire et problématique. Car le roman stendhalien, par exemple, ne cesse de se questionner lui-même. Ce n'est pas du tout un roman triomphaliste. Combien de romans de Stendhal n'ont pas été terminés !... Un important blocage joue. A ce moment, la rupture à l'intérieur du discours littéraire, la rupture de l'inté-rieur de l'écriture, a une dimension historique. Mais, tout en ayant une dimension historique, ce discours a une dimension profondément personnelle, car s'il est certain que beaucoup d'hommes ont vécu la même histoire que Stendhal, tous ne l'ont pas exprimé de la même manière. J'avoue que je n'y vois pas très clair, en ce moment, dans les relations entre ce que j'appel-lerais, pour schématiser, les problèmes de la personnalité, et les problèmes de la prise de conscience historique.

Georges DUBY

Je ne sais pas si je poserais la question de la même manière que vous. Je partirais tout d'abord de l'idée évidente que tout milieu culturel, à un moment donné, est *feuilleté*, c'est-à-dire qu'il s'émiette en niveaux multiples, dont les limites d'ailleurs ne coïncident pas avec celles des groupes que déterminent les conditions économiques ou politiques. Au sein de cet ensemble, sans homogénéité, mais au contraire, d'une très grande diversité, éclatent à certains moments ce que j'appellerais des *événements*, c'est-à-dire des efforts de rupture. Il se trouve alors que telle personnalité ou tel groupe, pour des raisons dont beaucoup échappent aux instruments d'observation dont dispose l'historien, se trouvent créer une œuvre dont le contenu explose, dont le choc retentit à différents étages, est perçu plus ou moins vite, plus ou moins clairement, à tel ou tel niveau de l'édifice culturel.

Mais l'analyse me paraît extrêmement difficile pour des périodes sur lesquelles nous avons autant d'informations que les 150 ans qui nous précèdent. Alors que, pour prendre un exemple, si j'essaye de me figurer ce que fut l'explosion événementielle provoquée par les chansons que composa Guillaume d'Aquitaine, un peu après l'an 1100, les possibilités d'hypothèse explicative deviennent plus grandes, les essais de compréhension beaucoup moins décevants, dans la mesure même où l'historien doit jouer sur un éventail extrêmement fermé de sources. S'ajoute la possibilité de saisir, sur une période multiséculaire, les répercussions de cet événement, d'observer comment les auditeurs de l'œuvre ont réagi à ce traumatisme qu'était l'expression de sentiments tout neufs, mais dont nous voyons qu'elle répondait à l'attente d'un certain milieu social, d'abord extrêmement restreint puis progressivement plus large. Enfin, le recul est ici suffisant pour reconnaître dans ce qu'exprime l'œuvre littéraire dont je parle la meilleure affirmation d'une contre-culture face à la culture dominante.

Pierre BARBERIS

Vous parlez d'œuvres qui — si j'ose dire — n'ont pas d'auteur. J'entends par là que ces auteurs existent, bien sûr, on en connaît les noms, mais qu'on n'en connaît pas la biographie. Or, si l'on s'intéresse à la littérature plus proche, le problème change un peu de nature parce que Stendhal, par exemple, a une biographie : il a perdu sa mère quand il était gosse, on connaît toute une série de traumatismes, etc. Cela pose donc le problème de la relation entre ce que j'appelle la chaîne des aliénations et la chaîne des frustrations.

Le progrès des sciences humaines, en particulier depuis

Freud, nous oblige à nous poser un autre type de questions. L'œuvre moderne est l'œuvre d'hommes dont on connaît la vie. On connaît un processus extrêmement complexe : la genèse d'une enfance, la genèse d'une adolescence. L'un des risques — que je connais pour l'avoir éprouvé moi-même —, l'un des risques de la lecture « historique » de la littérature, est celui d'une réduction de la littérature. C'est le fameux problème de la *théorie du reflet*. Une des questions les plus passionnantes qui se pose actuellement à la critique, est de chercher le nom et les concepts de l'auteur, voir comment la lecture de la biographie, la compréhension de la formation de la personnalité, éclairent, chez lui, la prise de conscience de l'expression de l'Histoire.

Pendant longtemps on a eu deux séries qui fonctionnaient en parallèle, s'ignorant parfaitement : d'un côté les sociologistes, c'est-à-dire les mauvais marxistes qui restaient pénétrés de positivisme — quel est le marxiste français qui ne traîne pas de l'Hippolyte Taine et de l'Auguste Comte avec lui ? —, l'explication sociologique, donc, pourvoyeuse de solutions, dans un premier temps. Lorsque j'étais jeune professeur de lycée, il pouvait être parfaitement libérateur, d'ailleurs, pour des jeunes élèves, de leur expliquer qu'après tout, la grande tragédie racinienne — c'était le moment où l'on venait de lire Goldmann — était peut-être autre chose que l'expression du Destin de l'homme, qu'il y avait peut-être à y chercher des relations concrètes avec des gens qui avaient des problèmes, qui avaient dû quitter leur travail, etc. De l'autre côté, il y avait la série freudienne, la série de l'analyse de la personnalité. Ces deux approches s'ignoraient. Elles essaient aujourd'hui d'interférer, mais cela s'avère extrêmement compliqué. Les historiens se posent-ils aussi ce problème des relations entre le phénomène de la production et celui de l'écriture ?

Georges DUBY

J'ai sans doute la chance de m'intéresser à une époque où l'on arrive à mettre en évidence certaines frustrations collectives. J'ai mis en rapport, à un certain moment, l'émergence de ce modèle qu'on appelle *l'amour courtois,* avec les désirs contrariés d'un groupe social très déterminé, celui des chevaliers célibataires à la recherche d'un établissement, c'est-à-dire d'une femme; ils avaient peu de chance de trouver cette femme et cet établissement, en raison de la disposition des structures de parenté et des pratiques matrimoniales en usage dans l'aristocratie; ils déchargèrent donc leur amertume en inventant ce jeu où il s'agissait de conquérir la « dame » — c'est-à-dire l'épouse d'un homme qui était aussi leur seigneur, dans une certaine mesure leur père, et par conséquent leur rival. Quant à savoir ce que Guillaume d'Aquitaine, ou d'autres, avaient dans l'esprit, où se situait leur *Œdipe*, nous n'en sommes pas encore là ! Je dirige des études sur les structures familiales et la sexualité des xie-xiie siècles, qui seront, je l'espère, éclairantes, qui permettront peut-être de déplacer un certain nombre de questions; elles commencent à peine. Reste cette question, très grave pour l'historien des sociétés : est-il possible de mener des analyses qui soient véritablement complémentaires au niveau de l'individu et au niveau du groupe ?

Pierre BARBERIS

Dans le domaine de l'histoire littéraire moderne, ce n'est pas facile, mais ce n'est pas impossible. Je pense à des travaux un peu abandonnés à la mort de Goldmann, sur la fameuse *classe pensante* de Stendhal, c'est-à-dire ce milieu d'intellectuels qui n'est pas riche, mais gagne sa vie par sa plume, et constitue un groupe relativement autonome à l'intérieur de la société, qui a des relations assez tendues avec le libéralisme, avec le pouvoir d'argent, qui, malgré tout, est très opposé à l'Eglise, à l'aristo-cratie. L'étude de ce milieu a été très sérieusement amorcée; je pense aux travaux de Geneviève Mouillot, par exemple.

Ce qui est important, pour moi, c'est, après la détermination de ce milieu, de chercher à voir comment se greffent sur ces déterminations qui, elles, sont collectives, des déterminations personnelles, qui, elles également, sont extrêmement importantes. En somme, il s'agit de dépasser la vieille opposition entre l'his-toire littéraire de type psychologique et l'histoire littéraire de type sociologique. Il s'agit, non pas de trouver un juste milieu, mais de dépasser cette contradiction. Actuellement, nous sommes assez démunis. Tantôt nous sommes guettés par la réduction de type freudien : dans *René*, de Chateaubriand, il aime sa petite sœur, mais c'est l'image de l'ancienne France perdue, etc. Mais si l'on dit que *René* est le roman de l'émigré, du paria social, on opère une autre réduction. Le problème est celui de l'interfé-rence, de l'interpénétration, des deux séries de déterminations.

Je retrouve ici mon problème institutionnel, le problème de la formation que nous avons reçue. Je constate que l'un des résultats de cette parcellisation de notre formation, est qu'on arrive au bord de questions aussi importantes sans disposer des moyens pour y répondre. Il faut donc aussi se poser la question : qu'attend-on, dans une société donnée, dans la nôtre que nous n'ayons pas choisie, de la réflexion sur la littérature ? Je lisais avec attention, il y a quelques jours, le texte où Monsieur Fontanet présente sa loi d'orientation — c'est un texte littéraire —. A propos des études littéraires, il a des commentaires extrêmement intéressants : le ministre dit qu'actuellement il est catastrophique que tant de jeunes gens s'engagent dans des classes littéraires, qui sont pour eux des voies sans issue, et, ajoute-t-il, *sans importance pour la société*. C'est très important : la littérature n'est pas importante pour la société !

Dire que les Français n'ont pas le goût de la littérature, par exemple, ce serait tomber dans une typologie de type psychologique un peu simple. Il y a d'abord des problèmes matériels. Il faut appeler les choses par leur nom : ceux qui passent 4 heures par jour dans des transports, qui habitent un certain type de maisons, qui mènent un certain type de vie, ont des difficultés à lire. Il y a le prix des livres, et quantité de facteurs qui jouent. Mais il ne faut cependant pas oublier que le goût de la littérature, on le prend à l'école, au lycée. C'est l'institution qui, en France, apprend à lire. Or c'est une constatation de l'expérience que l'école a dégoûté de la lecture une masse énorme d'enfants. On leur fait lire des textes qui, souvent, ne les intéressent pas, et, deuxièmement, on les leur fait lire d'une certaine manière, de manière à ne pas les brancher sur leurs problèmes réels.

Il y a deux types de censure qui fonctionnent dans la lecture telle que l'école nous l'apprend. Il y a une censure systématique sur les problèmes sociopolitiques. Les textes littéraires présentent à l'élève un réel et une humanité qui n'a pas d'inconscient, et qui n'est absolument pas déterminée par les rapports sociaux. Or, l'élève, dans sa vie personnelle, surtout aujourd'hui, est de plus en plus conscient de ce que la vie est déterminée par les rapports avec son père, avec sa mère, avec ses frères et sœurs, etc. Il sait d'autre part très bien que l'argent, la politique, comptent. On apprend à lire en évacuant ces grandes contradictions que le gosse vit, dont il connaît parfaitement l'existence; et cela peut expliquer une désaffection profonde pour la lecture.

La réactualisation du texte littéraire par la décensure pourrait et devrait redonner le goût de la lecture. Et ceci pose le problème de la fonction de l'école dans notre société. Bien sûr, l'école est un lieu positif, un endroit où l'on apprend à lire. Mais à qui apprend-elle à lire ? Aux futurs professeurs de français, c'est-à-dire aux deux ou trois élèves par classe qui, à leur tour, seront les reproducteurs du système. Qualitativement et statistiquement, c'est vrai. Ceux qui ont pris le goût de la littérature deviendront, pour la plupart, professeurs de littérature. Que l'école soit un lieu d'éveil, un terrain de lutte, c'est incontestable. Il n'est pas question du tout de réduire l'école à ce fameux *Appareil Idéologique d'Etat,* qui serait uniquement et intégralement répressif, où on ne ferait que reproduire l'idéologie dominante. Mais si l'école n'est pas que cela, elle est quand même massivement cela.

Si les Français n'ont pas le goût de la littérature, cela tient d'abord à des conditions matérielles. Tant que la société elle-même ne sera pas culturelle, je ne vois pas comment l'école pourrait l'être. Deuxièmement, cela tient à un certain type de lecture. Lorsque de jeunes enseignants prennent le risque et le parti d'apprendre à lire en décensurant, les élèves aiment lire. J'ai le souvenir de la manière dont on nous faisait lire « Madame se meurt, Madame est morte » : comment voulez-vous que cela donne le goût de lire une fois sorti de l'école !... J'ai été inspecté, quand j'étais jeune enseignant, un jour que j'expliquais le passage du *Père Goriot,* où Rastignac reçoit un billet de 1.000 francs de Delphine de Nuncingen — il est allé jouer, il a gagné de l'argent, et elle lui donne 1.000 francs —. C'est la fameuse phrase : « Rastignac se défendit comme une vierge ». Un gars a d'abord levé la main, et a dit : Monsieur, cette phrase-là ne tient pas debout !... ». Déjà, l'inspecteur général pâlissait... Mais ce n'est pas tout. Je leur ai expliqué que ce Rastignac, un jour, serait ministre. De plus, j'enseignais à l'étranger, en pleine guerre d'Algérie. Que m'a dit l'inspecteur général ? : « Vous vous rendez compte l'image de la France que vous donnez à vos élèves ? Vous expliquez comment on devient ministre ! » — Aujourd'hui, c'est un peu voilé, on ne le dit plus ainsi, parce que on ne l'ose plus; le vent de l'obus est passé assez près, il y a quelques années. Les dos se font un peu ronds. Mais l'école a une responsabilité fondamentale dans l'absence de goût des Français pour la lecture.

A propos de décensure, je pense aux travaux de Jejenski, par exemple, qui a montré comment et à quel point beaucoup des fables de La Fontaine étaient ce qu'il appelle des *colbertades,* des textes qui avaient une signification politique et historique immédiate pour les contemporains, des pamphlets de circonstance. Je me souviens de la manière dont on m'a fait lire La Fontaine :

on se servait de ces fables pour renvoyer à une morale sceptique de l'homme éternel, etc. Dans un premier temps, une mise en perspective historique correcte, par exemple une lecture des fables de La Fontaine comme des *colbertades*, ne serait-elle pas un moyen de remotiver l'élève ? Je ne dis pas que cela en épuiserait le sens ni l'intérêt.

Je pense aussi au théâtre classique : n'y a-t-il pas moyen de décensurer la lecture de Molière, de décensurer la lecture de Corneille ? Il y a, dans ce que la critique, depuis dix ou quinze ans, a détecté chez Corneille, en ce qui concerne la crise du héros, les relations dramatiques entre le héros et la monarchie centralisée, moyen de remotiver la lecture. On n'en est plus au Corneille démonstrateur de la valeur du devoir, etc. Dans un premier temps, une mise en perspective correcte des œuvres est déjà un moyen de remotiver, un moyen de décensurer.

Georges DUBY

Ne peut-on plus faire une lecture sans historiser le texte ? Sans goûter le seul plaisir du texte ?

Pierre BARBERIS

Pourquoi opposer plaisir et science ? Vous avez l'air de dire qu'une connaissance scientifique, une compréhension scientifique du texte, serait contradictoire avec une gustation. Cette opposition plaisir-science, elle fonctionne idéologiquement à l'intérieur d'une société donnée, la nôtre. Il n'est pas évident qu'elle soit parfaitement pertinente et qu'elle doive l'être toujours. J'ai dit tout à l'heure qu'une fois découverts la valeur, le sens, la fonction historique d'un texte, il demeure le *reste*. Le jour où j'ai compris ce qu'*Armance* m'apporte, historiquement, pour comprendre ce qui se passe en 1825, je continue à avoir du plaisir à lire *Armance*. Pourquoi faudrait-il opposer une lecture de type ludique à une lecture de type scientifique ? Il y a une joie de la connaissance scientifique, une joie de comprendre. A l'inverse, la joie de lire conduit au sens. Je ne vois pas pourquoi on opposerait la lecture-distraction, la lecture-plaisir, la lecture-jouissance, à la lecture scientifique !

On retrouve-là un couple idéologique qui fonctionnait merveilleusement dans le lansonisme, et, chose curieuse, qui se remet à fonctionner aujourd'hui chez les formalistes. Que faisaient les lansoniens ? Dans un premier temps, ils accumulaient les fiches, pour être sérieux, pour connaître. Puis arrivait un moment où l'on disait : on est au bord du mystère. Finalement, on sait tout sur Voltaire mais il reste le génie, l'insondable, ce qui échappe à nos prises. C'était la grande contradiction positiviste.

Aujourd'hui, on voit un type de démarche inverse. On a eu, pendant des années, une débauche de scientificité; on ne voulait plus de gustation du texte, mais de la théorie de la littérature; on voulait que la lecture soit scientifique, on se servait de la linguistique. Aujourd'hui, on écrit des livres qui s'appellent précisément *Le Plaisir du Texte,* où on met en cause la notion de scientificité. Les démarches idéalistes se ressemblent toujours, en ce sens qu'elles sont manichéennes. Les démarches idéalistes fonctionnent sur des oppositions binaires. Il n'existe pas de lectures au-dessus des idéologies. Lorsque je commence, avec des agrégatifs, à étudier *La Princesse de Clèves,* je vois qu'au début du texte on trouve le mot *galanterie,* et puis qu'il y a l'argent. Je m'aperçois que dans *La Princesse de Clèves* les femmes se prostituent pour avoir le pouvoir. Je retourne alors vers la lecture traditionnelle de *La Princesse de Clèves,* et je m'aperçois qu'on n'en parle jamais, et que même les grands dix-septièmistes distingués s'obstinent à donner au mot *galanterie* ce sens de « raffinement », etc. C'est pas du tout ce que cela veut dire ...

Georges DUBY

Vous pensez qu'en expliquant cela à de futurs lecteurs, vous leur donnerez le désir de lire ?

Pierre BARBERIS

Expliciter très fortement, et sur des bases scientifiques, le sens du mot *munificence,* et le sens du mot *galanterie* au début du texte, peut être utile. La *galanterie* signifie la pratique extra-conjugale de l'amour. La *munificence* signifie le fait de jeter l'argent par les fenêtres. Il y a là une relation entre le pouvoir de l'argent et la galanterie. C'est incontestable. Il paraît beaucoup plus important de le mettre en relief, que de faire discuter les élèves, pour savoir ce qu'ils auraient fait à la place de la princesse de Clèves, s'ils auraient épousé M. de Nemours après la mort du mari ? C'est la lecture de Menie Grégoire, et elle est fortement intériorisée.

En expliquant le mot *galanterie* et le mot *munificence*, en situant de la manière la plus ferme ce roman du raffinement dans un contexte extrêmement précis, le moment où, par le fait de la centralisation, on se dépouille, on abandonne sa cellule originelle de vie pour vivre à la Cour, pour vivre dans le royaume de l'apparence, celui que Stendhal appellera plus tard le royaume du paraître; le temps où, pour réussir dans ce royaume du paraître, on vend tout, y compris soi-même, quand on est une femme; sur ce fond-là, les élèves comprennent mieux les conseils de Mᵐᵉ de Clèves à sa fille, sa morale de l'économie. Dans un monde sur lequel on est sans pouvoir, il ne peut y avoir qu'une morale de l'économie, la morale de *La peau de chagrin* : il ne faut pas trop désirer car si on désire trop, on entre dans le mécanisme établi, et on va vers l'auto-destruction. Mais quand on ne désire pas, on censure sa propre vie, on s'empêche de vivre. Cette contradiction, que l'on nous présente volontiers comme une contradiction purement morale, purement métaphysique, est une contradiction sociale. Il y a une relation très forte entre les conseils de Mᵐᵉ de Clèves à sa fille, et le mythe balzacien de *La peau de chagrin*.

Les sociétés modernes vivent ce dilemme quotidiennement. Intériorisé, transposé au niveau des consciences, cela débouche sur des conflits qui se présentent en termes psychologiques, mais sont loin d'être de nature uniquement psychologique. Je prétends, moi, que dire cela à des élèves de 1974, c'est peut-être leur faire comprendre la littérature, c'est important. Mais je ne dis pas que cela épuise tout.

Il ne s'agit pas d'imposer un type de lecture. Qui impose actuellement des types de lecture ? Lagarde et Michard ! On a en face de nous un système qui se prétend neutre, et qui, en fait, est un système d'inculquation. L'historien de la littérature doit prendre ses risques avec les textes en fonction des risques que lui-même prend dans le monde qui est le nôtre.

Georges Duby

Vous liez un peu trop littérature et lecture. Ce n'est pas la même chose. N'allons-nous pas vers une nouvelle oralité de la littérature ? Les sociétés anciennes que j'étudie n'étaient pas dépourvues de ce que nous appelons littérature. Mais l'éducation qui s'y donnait était essentiellement orale, la réception de l'œuvre s'opérait surtout par l'ouïe, accessoirement par la vue. Des éléments fort importants de notre culture ne sont-ils pas déjà

véhiculés par la chanson, le théâtre, le cinéma ? Ne se développe-
t-il pas actuellement, sans que nous y prenions vraiment garde,
un immense système d'éducation fondé sur des communications
non écrites et qui ne sont pas du tout canalisées par un enseignement, lequel est, par sa mesure même, englué dans les routines ?

Pierre Barberis

Bien sûr. Il y a, parallèlement à ce que l'école apprend, et
à sa focalisation sur le texte littéraire, une quantité énorme de
messages qui parviennent par d'autres intermédiaires. Oraliser
la connaissance, la pratique de la langue française, donner toute
son importance à l'aspect oral de la culture dans le monde
moderne, c'est absolument indispensable. Mais on en arrive à
quelque chose qui m'inquiète : l'écrit se perd. Or quelqu'un qui
a du mal à écrire est privé de certaines armes; quand on a du
mal à écrire, on a aussi du mal à lire l'écrit. C'est un phénomène
socio-scolaire très important. Il a fallu mettre l'accent sur l'oral
parce que notre civilisation est orale. D'autre part, il a fallu partir
de l'oral pour essayer d'arriver à la maîtrise de l'écrit; mais
l'écrit a été tellement compromis par toute une tradition, il a
connu une telle fétichisation qu'on le conteste aujourd'hui de
manière catastrophique. Or, on a du mal à lire l'écrit lorsque
soi-même on n'écrit pas, quand on n'est pas formé à écrire.

III

L'AVANT-GARDE AUJOURD'HUI.

●

Philippe SOLLERS   Marcelin PLEYNET

Diffusé par France-Culture
le 24 avril 1973
(97 L 316)

Marcelin PLEYNET

Secrétaire de rédaction et membre du Comité de la revue *Tel Quel*.

A publié (entre autres) :

Provisoires amants des nègres, Paris, Le Seuil, 1962.
Comme, Paris, Le Seuil, 1965.
Lautréamont, Paris, Le Seuil, 1966.
L'enseignement de la peinture, Paris, Le Seuil, 1971.

Philippe SOLLERS

Directeur de la revue *Tel Quel*.

A publié (entre autres) :

Une curieuse solitude (1958).
Drame, Paris, Le Seuil, 1965.
Nombres, Paris, Le Seuil, 1968.
Logiques, Paris, Le Seuil, 1968.
L'écriture et l'expérience des limites, Paris, Le Seuil, 1971.
Lois, Paris, Le Seuil, 1972.
« H », Paris, Le Seuil, 1973.
Sur le matérialisme, Paris, Le Seuil, 1974.

L'AVANT-GARDE, AUJOURD'HUI

Marcelin Pleynet

Il y a beaucoup à dire sur cette notion d'avant-garde. Avant même de commencer, il faudrait apporter quelques éclaircissements sur ce terme même et sur les conditions qui nous amènent aujourd'hui à en parler.

Sans faire de sociologisme vulgaire, nous pouvons d'abord préciser, puisque nous sommes à l'O.R.T.F., que les vastes moyens de diffusion de l'information dont nous disposons aujourd'hui, sont à double tranchant. D'une part, ils répandent et vulgarisent de plus en plus vite, et dans un public de plus en plus nombreux, des travaux, des découvertes, des recherches qui, il y a quelques dizaines d'années, seraient restés à l'abri des projecteurs de l'actualité. Et dans la mesure où cela confronte des spécialistes et leur spécialité avec une réalité sociale qu'ils ont trop souvent feint d'ignorer, c'est un bien. C'est un bien qui est même, à plus ou moins long terme, inévitablement porteur de progrès. Mais en même temps, à court terme, c'est un phénomène dont il ne faut pas se cacher qu'il entretient un grand nombre d'ambiguïtés, ne serait-ce que sur le plan du vocabulaire, et qu'il peut aussi, dans un premier temps, renforcer des stéréotypes, des censures, des réactions de quasi-traumatisme. Confronté à ce qu'il connaît plus ou moins bien, et le plus souvent assez mal, voire pas du tout, le public réagit, dans un premier temps, en palliant le déséquilibre que l'information produit dans l'ordre de ses connaissances en rétablissant les chaînons qui lui manquent dans son approche du nouveau, à l'aide du matériau dont il dispose, qui est le plus souvent ancien; de telle sorte que lorsqu'il confronte la nouveauté de l'information au matériau de connaissance dont il dispose pour cette confrontation, l'information a toute chance de lui paraître aberrante.

Et nous ne devons pas oublier qu'il y a, dans ce processus du passage à une information de plus en plus précise, mais aussi de plus en plus vaste, une précipitation de plus en plus grande et à laquelle il est de plus en plus difficile de faire face, si difficile même que ceux-là qui devraient l'assumer s'y dérobent.

Je suis surpris d'entendre à la radio, à la télévision, le type de discours que nombre d'intellectuels se croient aujourd'hui forcés de tenir. Tout se passe comme si, face à cette précipitation des informations et des événements, ceux-ci prenaient peur des responsabilités qui, brusquement, les assaillent de partout, et comme s'ils ne voyaient d'autres possibilités de s'en sortir qu'en déniant le rôle qui est objectivement le leur, et en se culpabilisant. A l'extrême limite, cette dénégation va jusqu'à la pitrerie. Cela donne des discours du genre : non, ce n'est pas nous que cela concerne; non, nous ne sommes pas des intellectuels, au fond nous sommes comme vous, nous ne savons rien; bien entendu, nous écrivons, bien entendu nous enseignons mais surtout, n'imaginez pas que nous portons la responsabilité de la complexité que représente la masse d'informations que vous recevez chaque jour; tout cela n'est pas notre affaire, c'est l'affaire des autres, etc. J'ai entendu récemment un professeur déclarer à la télévision : j'enseigne des choses apparemment assez compliquées à mes étudiants, mais en fait, je n'en sais pas plus qu'eux, — et là, sans doute, il disait plus vrai qu'il ne pensait —. Mais ce qu'il justifiait, disant cela, ce n'était bien entendu pas le nouveau que ses étudiants peuvent porter, mais tout au contraire la position passive vis-à-vis de ce nouveau, l'ignorance passive de l'ancien, qui espère bien à plus ou moins long terme noyer et noyauter le nouveau.

Tout ceci pour en arriver à cette notion d'avant-garde, en essayant de la retrouver, de retrouver le neuf de sa circulation à travers des idées et des événements les plus dissemblables, par exemple appliquée au futurisme russe, au futurisme italien, au dadaïsme et aux écrivains du *Proletkult*, aux surréalistes et à Pound ou Joyce.

Ce n'est certainement pas par hasard si c'est au milieu du XIXᵉ siècle que ce terme militaire désignant la partie d'une armée qui marche en avant du gros des troupes en vient à illustrer un certain type de rapport à la littérature dans la lutte qu'elle mènera dès lors, plus ou moins explicitement, sur le front idéologique. Reste que, bien entendu, les déplacements et les prises en charge d'un certain vocabulaire ne jouent pour nous qu'un rôle de symptôme, rôle qui ne tarde pas à perdre toute signification, si on le coupe des forces qui, dans le réel objectif, le supportent.

Il suffit de voir la précipitation brouillonne qu'a pu produire en à peine un demi-siècle le terme d'avant-garde. Les ambiguïtés que l'on rencontre dans le champ de la lutte idéologique tiennent en grande partie au fait que les forces qui entrent là en jeu se supportent aussi des possibles transformations d'un matériau aussi malléable, aussi flottant, que le vocabulaire.

Or, que se passe-t-il avec l'apparition dans la langue d'une nouvelle définition du mot « avant-garde », si ce n'est le symptôme que les luttes qui naissent alors et se développent un peu partout dans le champ social commencent à investir de façon nouvelle les superstructures idéologiques ? Mais comme je le disais en commençant, le danger de la nouveauté, c'est souvent la panique apeurée qu'elle produit qui fait qu'on ne va pas voir ce qui la supporte, qu'on se satisfait d'un signe, d'un sigle, d'un nom qui la désigne à partir de l'ancien, comme empêcheur de tourner en rond, complication inutile, excentricité, obscurité gratuite, etc... Et si cette nouveauté n'assure pas les bases réelles de ce qui la représente d'abord comme symptôme dans l'idéologie, il suffira que le sigle qui la désigne serve à recouvrir trois ou quatre phénomènes tout à fait contradictoires, pour qu'il perde peu à peu sa force de combat, et se trouve un jour ou l'autre définitivement coupé de la réalité qui lui a donné naissance.

Il en est ainsi de la notion d'avant-garde et du flou qui la définit aujourd'hui comme supportant ce qui est plus ou moins chahuteur. On peut alors bien entendu, se demander pourquoi aller chercher précisément ce type de vocabulaire, aujourd'hui particulièrement imprécis, pour se définir. Pourquoi ne pas mettre à jour un sigle plus récent ? D'abord parce que l'une de ces attitudes n'exclut pas l'autre, ensuite et surtout parce que le récent, le nouveau, ne pourra se donner comme tel que lorsqu'il aura nettoyé cette idée que le terme d'avant-garde a véhiculé, à savoir que le nouveau est ce qui s'additionne à la dernière nouveauté, dans un cheminement, dans une succession linéaire. Reprendre aujourd'hui le terme d'avant-garde, sur la base des forces qui ont pu à un moment donné le produire comme symptôme révolutionnaire, c'est d'abord souligner la périodicité au cours de laquelle un certain mode de l'enjeu idéologique a été au mieux livré à un empirisme brouillon, au pire totalement et délibérément refoulé.

Ce que j'avance là ouvre bien entendu un débat qui ne s'épuiserait pas en une soirée sans que l'on s'y perde à un moment ou à un autre. Ce que je crois par contre tout à fait possible de faire, c'est, dans cette perspective, d'ouvrir le débat sur une pratique liée à cette périodicité de la formation dans le champ idéologique d'une avant-garde constituée sur les bases des forces historiques objectives qui, à un moment donné, ont précipité ce terme de stratégie militaire dans le champ des pratiques littéraires. D'ouvrir donc ce débat sur l'histoire de deux pratiques littéraires, le roman et la poésie, et de voir comment une réévaluation historique des forces idéologiques objectivement en jeu dans le champ social, peut transformer du tout au tout la façon dont les sujets se pensent et se vivent.

Philippe SOLLERS

Si nous parlons ce soir de littérature et d'avant-garde littéraire, nous allons le faire depuis un point de vue très orienté, qui est celui d'une pratique d'avant-garde. Il ne s'agit pas de réfléchir sur « l'essence » de la littérature; cette expression dénote bien une conception idéaliste du langage.

Il s'agit de réfléchir, historiquement, sur les différentes pratiques, dans le monde occidental moderne, qui ont pu porter ce terme d'avant-garde que Pleynet a désigné tout à l'heure comme naissant au XIXe siècle. Il y a là des histoires extrêmement diverses, liées à l'histoire sociale tout court avec des enjeux idéologiques qui nous semblent très importants, qu'il s'agisse du futurisme, du surréalisme, de l'évolution du roman, ou, car il faudrait aller plus loin, de l'évolution de la peinture, de la musique, etc., dans le monde capitaliste dit avancé.

Il faut aussi ne pas penser que ce monde est le seul qui existe, mais, au contraire, qu'il est lui-même, dans son développement, déterminé par des contradictions à la fois internes et externes, c'est-à-dire dans sa lutte, dans sa course de vitesse avec les pays à régime social différent. C'est un des enjeux essentiels de la notion d'avant-garde en Europe occidentale et aux Etats-Unis, puisque tous les mouvements d'avant-garde au XXe siècle ont été contraints de se définir dans leur attitude quant à la politique. Cela a donné parfois une orientation du type fasciste comme pour le futurisme italien; cela a donné, pour le futurisme soviétique, une efflorescence, un bouillonnement extraordinaire qui a influencé toutes les avant-gardes occidentales, et a été ensuite réprimé par ce qu'on peut considérer comme la régression stalinienne. Cela a donné dans les pays occidentaux les problèmes extrêmement complexes qui ont mis en présence les intellectuels d'avant-garde comme les surréalistes avec les mouvements sociaux et politiques de leur temps, avec des conséquences assez importantes pour que nous vivions en grande partie encore sur cet enjeu.

Je voudrais essayer de faire quelques réflexions à propos du roman, car je crois que le roman s'est présenté, surtout depuis une dizaine d'années, comme un des enjeux de crise dans l'avant-garde littéraire tout à fait symptomatique, alors qu'autrefois on pourrait dire que ce rôle de crise, de moteur, de révélation des enjeux idéologiques était plutôt dévolu à la poésie.

Le roman s'est trouvé touché tout à coup par une crise interne, reflétant probablement un certain nombre de crises sociales précises, et l'on pourrait dire que le roman classique, qui est la forme la plus achevée, littérairement, de l'idéologie bourgeoise, reste encore, d'une certaine façon, une énigme pour cette idéologie même. Il n'est que de voir aujourd'hui comment un écrivain comme Sartre est obligé de poser à nouveau la question de Flaubert pour mesurer à quel point cet achèvement du roman classique reste énigmatique.

L'on pourrait dire, en s'en tenant simplement au domaine français, que Proust représente la boucle ultime, à la fois syntaxique, sémantique, idéologique de cet achèvement flaubertien, de cet achèvement bourgeois du roman. Au fond, de quoi s'agit-il, dans cet achèvement ? D'une unité syntaxique, sémantique, narrative, qui assure une garantie idéologique pour l'idéologie bourgeoise, qui se structure donc unitairement, alors qu'on peut dire que le langage poétique, par exemple, dans son histoire au XIXᵉ siècle, est déjà démantelé, éclaté avec, par exemple, Lautréamont, Mallarmé.

Le roman bourgeois poursuit, s'exténuant de plus en plus, sa forme de totalisation. Il est certain que le démantèlement du langage poétique, dans une société comme la nôtre, précède de beaucoup le démantèlement et la crise de l'unité romanesque; or la crise de l'unité romanesque est importante, parce que c'est la crise de la forme qui va refléter, à mes yeux, l'ensemble des rapports sociaux.

Une société ne peut pas se passer du romanesque, elle est

obligée d'en produire; sous forme de livres, sous forme de radio ou de télévision, elle est obligée d'avoir une narration, et de se raconter comment elle se produit et se reproduit. Il me semble donc que la crise du langage poétique qui précède celle du roman est beaucoup plus fragile, et en même temps peut-être moins subversive dans ses conséquences, dans le fait que l'éclatement du langage poétique est devenu quelque chose de déchargé au niveau de la critique sociale, historique, ou philosophique, alors qu'au contraire, la crise du roman, en fait depuis 1920, va entraîner, — et c'est ce qui prouve que c'est bien un point très surveillé par l'idéologie bourgeoise —, des discussions interminables.

On peut suivre au cours du xxᵉ siècle la décadence indubitable de la littérature bourgeoise française, qui est en même temps la décadence indubitable du capitalisme et de l'impérialisme français et son recul en tant que capitalisme national sur tous les fronts. C'est une des raisons qui fait que le français d'aujourd'hui nous apparaît comme une langue extrêmement saturée, répétitive, secouée bien entendu par des crises, mais qui n'arrivent pas vraiment à ébranler le code rhétorique et narratif bourgeois; tout le problème est de savoir quelle est la valeur, la signification attachée à ces crises, dont la plus notable a été celle du surréalisme.

Cette crise, en France, je le répète, touche très peu la fonction romanesque, et ce n'est certainement pas ce qu'on a appelé le *nouveau roman,* qui est au fond une faible répétition d'expériences menées ailleurs dans d'autres langues et dans d'autres pays, comme c'est aisément démontrable, qui peut ici apporter un démenti quelconque à ce que je suis en train de décrire comme le recul de la littérature française. Evidemment, cette littérature est en général entièrement livrée à la bourgeoisie française et elle s'effondre avec elle.

Je voudrais souligner ici l'importance de l'intervention de Joyce. Je rapelle les dates : *Ulysse* 1921, *Finnegans Wake* 1939, c'est-à-dire l'après-première guerre mondiale et l'avant-deuxième guerre mondiale. Joyce est, très significativement, à part quelques thèses universitaires et quelques articles, extrêmement méconnu dans notre pays. Je parlais tout à l'heure du surréalisme; il est lumineux, à mon sens, que le surréalisme a eu pour fonction d'oblitérer, de barrer, de censurer tout à fait l'intervention joycienne. Les rapports du surréalisme et de Joyce sont d'ailleurs du plus grand intérêt à analyser, par la manière dont les surréalistes posent l'écriture automatique, avec tout ce que cela suppose de transformation de la pratique du langage et le rapport à l'inconscient freudien, qui est manqué profondément par la théorie surréaliste. Le surréalisme a donc été obligé de se situer immédiatement par rapport avec ce qu'avait fait Joyce dans ce livre qui a marqué toute l'époque, *Ulysse*.

Vous savez que Breton a catégoriquement condamné, à plusieurs reprises, le langage de Joyce en l'accusant d'arbitraire, de retour au romanesque; car le surréalisme ne voulait pas toucher au roman, ce qui a amené de façon très intéressante ceux qui se sont détachés du surréalisme à revenir ensuite à une forme du roman typiquement bourgeoise, par exemple Aragon. La crise du roman a attendu assez longtemps avant de se développer dans notre pays. Donc, condamnation de Joyce de la part des surréalistes avec, comme accusation principale, celle de n'avoir rien de commun avec « l'alchimie du langage », telle que l'entend Breton, c'est-à-dire l'arrière-fond spiritualiste qui reste la clé de base du surréalisme, sa « philosophie ».

Sans exagérer, on peut dire statistiquement que très peu de Français, d'intellectuels français même, ont lu l'*Ulysse* de Joyce, et le travail de Joyce. Quant à *Finnegans Wake,* c'est encore pire, vous connaissez les difficultés de ce texte; je rappelle qu'il est paru en 1939 et que nous sommes en 1973; vous voyez que les choses n'avancent pas vite. Les rares essais de traduction qui ont eu lieu en français sont très criticables, et n'ouvrent certainement pas la voie à la clarification dans ce domaine. La lisibilité est très lente et pose d'énormes problèmes.

Si je prends l'exemple de Joyce, c'est pour en venir à ce qui a pu se produire comme effet et tentative de rupture dans le français lui-même. Il me semble que tout cela est très en retrait sur ce qui a été fait par Joyce sur l'anglais, par exemple. Vous savez que Joyce a déclaré la guerre — comme il le disait — à l'anglais, puisqu'il était irlandais et détestait aussi bien l'Irlande que l'Angleterre. Dans une phrase fameuse, il dit : « J'ai déclaré la guerre à l'anglais, et maintenant j'irai jusqu'au bout ». Joyce donne donc son travail comme destruction ou reconstruction systématiques d'une langue nationale, ce qui me paraît très important, comme symptôme, au niveau de ce qu'il faut bien appeler l'internationalisme fondamental des avant-gardes des pays capitalistes du xxe siècle. Posture de destruction et de reconstitution, donc, à partir d'une pluralisation des langues, qui trouve son expansion dans *Finnegans Wake.*

Pour essayer de sortir quelque peu de notre nationalisme bien connu, on peut donner une explication simple de ce changement de scène historique entre les deux guerres et depuis lors; ce changement de scène se marque de façon tout à fait nette dans l'histoire de la littérature française. C'est un déplacement de l'impérialisme européen multinational vers les Etats-Unis, dont l'impérialisme en expansion va recueillir dans la deuxième guerre mondiale les différentes traditions culturelles d'avant-garde de l'Europe pour les diffuser de façon massive sur le marché, puis les faire revenir sur l'Europe, phase dans laquelle nous sommes actuellement. C'est-à-dire que l'impérialisme occidental, qui a les plus grandes difficultés du fait du fascisme mais va quand même arriver à les surmonter grâce à l'aide américaine, a tendance à se déplacer, à déplacer ses superstructures, et par conséquent en même temps le centre de sa littérature. Il serait aisément démontrable qu'il en va de même en peinture, en musique et dans différents autres domaines de la superstructure idéologique.

Je laisse de côté, pour l'instant, le problème qui se pose, à la même époque, dans les pays socialistes, puisque, je l'ai déjà dit, après une très brève période où l'avant-garde est très productive — ce qui, d'ailleurs, n'a rien donné de remarquable dans la forme romanesque proprement dite, car tout s'est passé dans des formes extrêmement condensées et percutantes, dans la poésie ou dans la peinture, mais pas dans le roman —, on sait qu'on est revenu sous forme de répression à un succédané de l'art bourgeois, appelé pompeusement prolétarien. C'est la faillite idéologique et politique de ce qu'on a appelé le réalisme socialiste, avec toutes les conséquences qu'elle entraîne dans les pays occidentaux pour les forces sociales et politiques qui ont été obligées d'adopter cette voie qui était une impasse.

Le déplacement dont je parlais touche de plein fouet une langue : l'anglais. Ce n'est pas du tout un hasard si une autre intervention, celle d'Erza Pound, sur le langage poétique, avec toutes les contradictions qu'elle suppose, et son fond politique fasciste, est en même temps et contradictoirement, au niveau de la langue, une intervention très importante. Pound est vraiment le premier poète occidental à se préoccuper, d'une façon très empirique encore, de l'existence du chinois et de la culture chinoise. Evidemment, il le fait de façon inversée, au moment même où la Chine devient un pays révolutionnaire. Il faut toujours respecter des transitions, des torsions, des transcriptions difficiles à apprécier. Pound exhume la culture chinoise classique au moment même où la Chine entre dans sa phase révolutionnaire, donc l'occidentalisation.

Un autre point me paraît important, dans cette subversion possible, cette attaque, cette critique, ce démantèlement ou cette transformation de la littérature ou, plus précisément, du roman. Cet autre point, dans la chaîne du réseau idéologique qui se condense dans le roman, a trait au poids de la religion sur la littérature. Il ne faudrait pas s'empresser de penser que la littérature est sortie de la religion après le xviiiᵉ siècle; et du fait même probablement du décentrement historique dont je viens de parler, de ce changement de scène historique, hors de la révolution bourgeoise française avec sa tradition matérialiste, mécaniste, les problèmes liés à la religion au sens large du mot, pèsent très lourdement sur la littérature.

On peut en trouver trace jusque chez des expérimentateurs du langage romanesque, comme Faulkner ou même Beckett. Ce n'est pas du tout un hasard si Beckett, certainement l'un des écrivains modernes les plus importants, est un écrivain de langue anglaise qui en arrive à écrire directement en français, et à écrire justement le français le plus moderne et le plus intéressant de l'époque, jusqu'à obtenir un Prix Nobel en tant qu'écrivain anglo-français; mais il représente, au niveau de l'idéologie, de cette transformation formelle — une transformation formelle pouvant ne pas impliquer une transformation du contenu —, une idéologie qui reste profondément métaphysique.

De même, on pourrait dire que Faulkner, certainement un des romanciers transformant de façon la plus bousculante les catégories romanesques, la chronologie, l'exposition, la narration, la place des sujets dans le discours, dans le récit, etc., se place lui aussi de toute évidence sous une contrainte religieuse. Ce passage vers une scène historique américaine implique le retour d'un certain point de vue métaphysique et religieux dans la littérature; alors qu'on ne peut pas dire, par exemple, que ce soit le cas pour les écrivains bourgeois les plus avancés du xviiiᵉ siècle français.

Là encore, il ne faut pas oublier la position de ces problèmes dans la dialectique langage-idéologie, parce qu'à force de raffiner sans cesse — ce qui est actuellement le défaut universitaire — sur la formalisation et la formalité de la littérature, on oublie tout simplement qu'une littérature très bouleversante au niveau du langage peut rester très conventionnelle et très homogène au niveau de son sens, au niveau du signifié, ou si vous préférez de l'idéologie. C'est pourquoi j'ai pris cet exemple de la religion pour montrer qu'une transformation formelle pouvait avoir lieu alors que le signifié, lui, restait intouché. Mais je pourrais aussi bien prendre un exemple, puisque nous sommes en France, dans la subversion de la forme du français; la subversion la plus intéressante qui ait eu lieu — beaucoup plus intéressante que le nouveau roman, bien entendu —, est le surréalisme, et on peut très bien y observer cette permanence d'un fond métaphysique ou spiritualiste.

Comme le dit Mao Tse Toung, le propre de toutes les littératures des sociétés sur leur déclin idéologique, est évidemment de multiplier les recherches formelles avec un contenu réactionnaire. Aujourd'hui, on voit très bien comment cette idéologie s'édifie dans le mythe du nouveau roman, un néo-positivisme très scolaire du niveau des mots croisés, qui se soutient d'une dénégation de la psychanalyse et de l'inconscient freudien.

La grande question de toutes les avant-gardes européennes est là : c'est-à-dire une certaine dérive substitutive de la langue évitant d'y analyser le sujet. Mais le problème est ici de confronter les différentes avant-gardes formelles avec la découverte de l'inconscient par Freud. Il me semble qu'au niveau du roman, quelque chose de symptomatique se passe, par exemple, dans le cas de Céline, qui est un écrivain très important au niveau formel, un écrivain qui charrie un nombre considérable d'éléments lexico-syntaxiques, qui a une mémoire de la langue importante, beaucoup plus intéressante que celle des écrivains académiques bourgeois, mais, comme dans le cas de Pound, ayant une idéologie fasciste. Pour Céline, les raisons de cette contradiction forme-sens — Céline en tant que symptôme de toute une société, bien entendu — sont très visiblement culturelles; Céline est un produit du nationalisme français, qui n'est pas rien et est, à mon avis, plus lourd et plus aigu que jamais. Autrement dit, la France est certainement un des pays ayant le moins entendu la grande prophétie de Marx et d'Engels dans *Le Manifeste Communiste* qui affirmait que les littératures nationales étaient devenues impossibles. C'est certainement le pays qui est le plus viscéralement hostile à tout élément étranger, et celui où on trouverait des racines de xénophobie, au niveau du fonctionnement des idéologies, tout à fait évidentes.

Ce problème me semble diamétralement opposé à celui qui s'est posé dans les pays socialistes : là, le roman réaliste socialiste a mis ou a cru mettre la politique au poste de commandement, et a procédé, paradoxalement, à une importation massive des techniques formelles bourgeoises naturalistes, ce qui ne pouvait pas ne pas avoir de conséquences dramatiques au niveau de l'idéologie. C'est une des sources — pas la seule, bien sûr, car elles sont aussi politiques ou économiques — de ce que l'on peut appeler le révisionnisme, en insistant beaucoup sur le fait que le révisionnisme, à mes yeux, est le produit direct du dogmatisme, de la régression dogmatique. On a là aussi une contradiction sur laquelle on peut réfléchir, qui fait qu'aujourd'hui la littérature des pays dits socialistes ne comporte pas ce qu'on peut appeler une avant-garde nationale, notable au niveau des interventions idéologiques.

La Chine, quant à elle, pose d'autres questions. Le terme d'avant-garde, en effet, pour la Chine, fait problème, et ne convient pas. Pourquoi ? Parce que l'histoire de la Chine est très différente de celle des pays occidentaux, et qu'il faudra probablement attendre assez longtemps avant de savoir quel type de dialogue, à ce niveau, peut être engagé avec la civilisation chinoise, compte tenu du fait que nous aurons nous-mêmes pris acte de l'existence d'une culture et d'une civilisation chinoises en cours de développement et de transformation.

Je ne pense pas qu'il existe, réellement, en Chine, de forme académique. Il s'agit en effet de formes très largement populaires. Vous savez comme moi que la révolution chinoise du 4 mai 1919 a été dirigée contre le fait que la langue était accessible seulement à quelques lettrés, et qu'on a — à cette date — commencé à transformer la langue. C'est un phénomène historique très récent. Il ne faut pas oublier qu'on est en face d'un pays qui a eu à résoudre en trente ans des problèmes que des siècles n'avaient pas pu lui permettre de poser.

Il est probable que la lutte qui s'est menée en Chine contre le révisionnisme, comme disent les Chinois, s'est menée dans le domaine de la littérature et de l'art contre l'influence prédominante de la littérature soviétique. C'est un premier point. Un second point est qu'un écrivain comme Lou Sin a toujours été porté en avant par Mao Tse Toung lui-même, et a toujours eu des difficultés, puisqu'il est mort en 1936, avec le parti communiste chinois de l'époque. Une troisième remarque est qu'il s'agissait d'un écrivain très curieux. Il a écrit en 1918 un livre qui a eu un grand retentissement dans toute la Chine, le *Journal d'un fou,* qui est le journal d'un schizophrène; c'est étrange, pour un écrivain que la République Populaire de Chine met en avant. Mais c'est aussi un écrivain d'une grande variété. Or Mao le cite souvent comme modèle d'écrivain critique révolutionnaire. On peut le placer un peu entre Kafka et Brecht. C'est donc un écrivain difficile à lire, qui emploie une langue difficile, plutôt hermétique. Et il est assez curieux que Mao lui-même écrive des poèmes pas très modernes, puisqu'il emploie une forme classique assez complexe, alors qu'il passe pour tous les bons sinologues pour un poète très important.

Le phénomène qu'on appelle souvent académique, je l'appellerais moi d'alphabétisation rapide dans le domaine de la littérature et de l'art de tout un peuple qui a été privé de l'accession à la culture. Cela peut d'ailleurs nous réserver d'extrêmes surprises qu'il ne faudrait pas trop vite s'empresser de comparer avec l'évolution de l'Union Soviétique. Je ne suis pas prophète. Mais on peut dire qu'il y a de très forts éléments positifs présents chez Mao Tse Toung lui-même : par exemple le texte *Contre le style stéréotypé dans le parti,* qui est lui-même un modèle de chef-d'œuvre littéraire. Des éléments très sérieux existent pour que certaines erreurs ne se reproduisent pas. Mais je ne crois pas qu'on puisse comparer cela avec le combat qui se mène en Occident. Dans toute la culture occidentale, le problème de l'avant-garde est à l'ordre du jour; tous les pays plus ou moins développés, plus ou moins avancés, vont avoir à se poser les problèmes que s'est posée l'histoire de l'avant-garde des pays occidentaux. Tandis que pour la Chine, il est clair qu'il y aura une inégalité temporelle et historique très grande...

Pour en revenir aux pays occidentaux, la forme romanesque — je parle de la forme romanesque produite par la bourgeoisie, et qui est encore donc largement dominante — ne peut pas répondre à trois événements, fondamentaux dans le réel.

Elle ne peut pas répondre, dans sa forme même, au développement des sciences : à mes yeux, il n'existe pas encore de roman qui tienne vraiment compte du développement prodigieux des sciences depuis quelques dizaines d'années. C'est le premier point.

Le second, c'est que cette forme ne peut pas répondre non plus à la mise en cause de l'inconscient, et par conséquent à l'éclairage sans précédent des rapports non pas de production mais de reproduction, c'est-à-dire des rapports sexuels dans la société, et de la contrainte qui leur est liée.

Et elle ne peut pas répondre non plus à l'histoire mondiale dans son développement, c'est-à-dire, aujourd'hui, aux nouvelles contradictions surgies partout dans le monde.

Si nous prenons l'exemple de deux écrivains liés aux révolutions sociales du XXᵉ siècle : Brecht pour l'Allemagne, en Chine Lou Sin, il est remarquable de noter qu'ils n'ont pas écrit à proprement parler de romans. La stratégie littéraire de Brecht est complexe, elle passe par le théâtre, les poèmes, les essais politiques, les essais philosophiques. C'est une pratique nouvelle d'écrivain et Brecht est, semble-t-il, obligé de laisser tomber cette masse énorme que représente le roman, où règne la dictature de l'idéologie bourgeoise. C'est justement à propos du roman que les polémiques, notamment avec Lukaćs, vont se dérouler. Et Lou Sin, soumis aux influences occidentales en Chine, écrit lui aussi des poèmes, des contes, des nouvelles liés directement à la lutte sociale en cours, mais pas à proprement parler ce que nous appellerions un roman, c'est-à-dire, je le répète, la forme qui peut rendre compte de l'ensemble des rapports sociaux, à tous les niveaux, l'ensemble des discours sociaux, tels qu'ils reflètent une société dans son histoire.

Ce qui est saturé et répétitif, ce qui ne peut plus coller, c'est la langue littéraire bourgeoise; c'est une langue qui, désormais, dans son académisme et son rhétorisme, dans sa syntaxe même, est incapable de refléter l'apparition du nouveau dans les phénomènes sociaux. Mai 68 c'est l'apparition, partout, sur les murs et dans les bouches, de cette espèce de créativité spontanée des masses refoulée par une langue morte, académique, qui est d'ailleurs en train d'être refoulée à nouveau, puisqu'on est dans une conjoncture politique favorable à la bourgeoisie, qui essaie de réintroduire sa langue répétitive et saturée, jusqu'à ce que, peut-être, un jour, ça saute — mais cela ne dépendra pas simplement des écrivains et de ceux qui essayent de transformer la langue —.

Une lutte très vive, très violente, se déroule entre deux types de langage, aujourd'hui. Dans l'immense majorité de ce qui s'imprime, de ce qui se dit, dans les discours d'information, à la radio, la télévision, ou ailleurs, est employée cette même langue, dont tout le monde ressent la vacuité, mais qu'on est obligé d'imposer parce que c'est la forme du pouvoir de la classe qui la soutient qui l'exige; et tout le monde sait très bien que cela ne répond absolument pas à l'apparition de tous les phénomènes nouveaux qui, depuis quelques années, cinq, six ans, surgissent avec une rapidité fulgurante dans tous les secteurs de la superstructure, qu'il s'agisse des problèmes de la sexualité, de ceux des superstructures juridiques, etc.

Cette notion de saturation de langue, il faut la mettre en rapport avec l'explosion latente des superstructures du monde capitaliste avancé qui fait de ce lieu des superstructures un lieu particulièrement révolutionnaire et déterminant aujourd'hui, contrairement à la thèse économiste qui ne veut pas entendre parler de la rétroaction possible des superstructures sur la base. Pour nous, si les forces politiques se rendaient compte que ces superstructures sont aujourd'hui l'enjeu déterminant d'une transformation possible des rapports sociaux, on arriverait à des résultats probablement assez rapides. Mais ces forces politiques n'existent pas. Elles emploient dans le domaine des superstructures et de l'idéologie exactement les mêmes arguments, la même presse, le même langage, la même langue que la bourgeoisie.

En ce qui concerne les écrivains qu'on a appelés *réalistes socialistes,* leur roman n'est pas parvenu du tout à introduire un contenu nouveau dans une forme ancienne, bien entendu, puisque la forme est restée tout à fait bourgeoise. Le cas le plus typique, à mon sens, de ce genre d'avortement d'une littérature bourgeoise qui se fait passer pour prolétarienne, c'est-à-dire qui avance une théorie du réalisme socialiste et revient finalement à son envers bourgeois, qu'elle n'a d'ailleurs jamais quitté, est celui d'Aragon.

C'est une des clés de la question complexe de ce qui peut commencer à s'annoncer dans les superstructures, et notamment dans la culture, que des positions de classes différentes et antagonistes aient tendance à s'exprimer sous la même forme, cela ne pouvant évidemment avantager qu'un des deux camps, le camp bourgeois. Dans les pays capitalistes avancés, et dans les pays dits socialistes — je laisse la Chine de côté — la bourgeoisie a maintenu sa dictature dans l'ordre de l'idéologie.

Peut-être y aurait-il à ajouter quelque chose sur les rapports entre la littérature d'avant-garde et la philosophie, car c'est un point important; il est très probable que l'enjeu des différentes avant-gardes du XXe siècle a été de faire passer, ou d'annoncer le passage, par exemple, des découvertes scientifiques réprimées : par exemple le surréalisme se trompe sur la psychanalyse, mais commence quand même à en faire sentir la pression. Mais cela serait trop long...

On pourrait peut-être essayer de voir ce que serait l'intervention d'une langue vivante. Je me permettrai de le faire à travers un passage de mon dernier livre (1). J'en prends donc un passage pour montrer comment cela fonctionne pour entrer dans la pratique.

Le passage commence par l'enterrement d'Overney. Il faut voir que les voix qui parlent sont dans une espèce de dialogue, comme s'il y avait deux personnages. Ce qui éclate, c'est la multiplicité des cadrages sur la manifestation elle-même et, en même temps, sur les deux mémoires des deux voix parlantes qui montent non pas d'individus, de subjectivités, mais comme du fond de l'Histoire. C'est une forme de discours qui ne renvoie pas à une subjectivité; on ne peut pas identifier ces personnages à une subjectivité ou à un individu, erreur classique de l'idéologie bourgeoise, car ce sont simplement des discours qui montent du fond

(1) Philippe SOLLERS, *H*, Paris, Le Seuil, Coll. Tel Quel, 1973.

même de l'Histoire. Ce qui vient ensuite, c'est un branchement direct entre cette manifestation, cet enterrement, et la figure d'Hölderlin. Pourquoi Hölderlin ? Parce que c'est la langue vivante la plus refoulée par notre culture, et toujours, en général, commentée par des philosophes idéalistes ou spiritualistes, alors que la force d'intervention de la langue d'Hölderlin, en même temps que s'est développée la philosophie de Hegel, prouve bien que quelque chose, dans l'éclatement du sujet occidental, se passe dans la poésie de façon irréversible. Donc, un passage sur Hölderlin. Puis on arrive devant le Père-Lachaise avec une évocation de la Commune. Ces trois éléments, dans ce petit passage, vont être traités de concert, exactement comme dans une formule musicale, où les voix arrivent en même temps, chacune avec son ensemble de thèmes entremêlés.

(*Lecture*).

Marcelin PLEYNET

Je voudrais revenir sur la nouvelle situation du rapport roman/poésie que vous venez de mettre en évidence à travers le démantèlement, l'éclatement en somme premier du langage poétique, et la crise romanesque. Quand vous parlez de Joyce et de Pound (Joyce qui, d'ailleurs, écrivait des poèmes, mais dont on peut penser qu'il considérait ce genre comme tout à fait mineur par rapport à sa production romanesque), il semble que vous insistiez sur une transformation idéologique, et, en conséquence, formelle, des pratiques littéraires qui réinvestissent dès lors, d'une façon tout à fait nouvelle, le rapport poésie/roman. Ce qui m'intéresse là plus particulièrement, c'est le problème qui se pose alors à l'histoire du langage poétique repensé par rapport à la crise du roman. Il n'est malheureusement que trop vrai qu'au moment où le roman produit la mutation que vous mettez en évidence, ce qui se propose comme « poésie » n'est plus qu'une forme exsangue, vidée de tout contenu effectif, et ce depuis près de deux siècles.

Le roman intervient sur ce champ-là, et l'on peut dire qu'il a historiquement le mérite de l'initiative des transformations et des révolutions, pas seulement formelles, que la « poésie » se révèle alors incapable de supporter. Ceci, afin de bien marquer cette sorte de chronologie qui veut que le langage poétique précède effectivement la forme romanesque, puis, qu'à un certain moment de notre histoire, la poésie ayant perdu le rôle de catalyseur, le roman devienne dominant. Il y a à cela des raisons qui ne sont certainement pas sans rapport avec ce que vous avez souligné de la double dénégation, du double refoulement (rationnel et religieux) de la littérature bourgeoise.

Cette évolution pose toutefois quelques questions. Si je vous entends bien, nous enregistrons tout d'abord un démantèlement du langage poétique au cours du xixe siècle, puis une crise romanesque dans la première moitié du xxe siècle. La question serait donc, sant doute, tout d'abord de savoir ce que cela présage; une nouvelle forme littéraire dialectiquement liée aux deux autres ? Mallarmé écrivait en effet déjà : « Toute la tentative contemporaine de lecture est de faire aboutir le poème au roman, le roman au poème ». Nous pouvons voir là que les formes ne s'annulent tout à fait qu'en réinvestissant, si je puis dire, les couleurs de la langue, et que la « crise » romanesque serait en somme la crise d'un genre, d'une certaine façon répressif par rapport à l'ensemble des virtualités de la langue que la poésie avait pu, à un certain moment, mettre en évidence.

En ce qui concerne mon expérience personnelle, à travers entre autres mon travail à *Tel Quel,* il m'a semblé que la façon dont évoluait le roman contemporain pouvait enseigner à la poésie comment sortir de son ghetto, et permettre, sur la base de la très vaste histoire du langage poétique, de réinvestir le récit des infinies virtualités de la langue.

Philippe SOLLERS

Le problème est, finalement, assez clair; tout dépend de la périodisation historique adoptée. A un niveau très large, il est clair que le roman correspond à l'expansion de la bourgeoisie; c'est la bourgeoisie qui s'empare solidement de la forme dite romanesque, donc c'est une forme qui est liée au développement, à l'expansion, et au règne de cette bourgeoisie. Il est certain qu'il n'y a pas de poésie bourgeoise à proprement parler, c'est-à-dire que ceux qui se trouvent refoulés par l'introduction du mode de production capitaliste, constituent en effet toute la grande tradition poétique, antique ou du Moyen-Age, etc., et la cohérence mythique de cet espace symbolique qui, en se décomposant, va déboucher sur cette offensive du roman. Il y a une poésie bourgeoise à partir du moment où il y a crise de la poésie. On le voit très bien, pour la France, entre Hugo et Mallarmé ou Lautréamont : la forme poétique ronronnante du romantisme français — à distinguer du romantisme allemand —, tout à coup, se casse, et il est certain qu'on ne pourra plus y revenir, bien que très longtemps des efforts périodiques de régression vers cette forme poétique aient pu se produire, et pas toujours d'ailleurs sous une forme entièrement agressive.

Par exemple, on peut considérer que la littérature de défense nationale, de lutte contre le fascisme et les Allemands, pendant l'Occupation, qui a réutilisé l'alexandrin tactiquement et politiquement, dans une lutte donnée pour mobiliser les forces populaires, est juste. Ce qui est erroné, c'est d'en faire un canon esthétique, et de ne pas se rendre compte qu'on est obligé parfois de puiser dans le passé pour faire une lutte politique donnée.

Mais il n'en reste pas moins que la forme est cassée, que personne ne pourra plus la reprendre. Cette crise de la poésie est à l'origine de ce que l'on peut appeler le décapage qui va se produire dans l'ordre des problèmes du langage, parce que cela signe l'apparition du langage comme problématique, comme opacité, comme résistance, comme objet nouveau de science. Ce n'est pas un hasard si la découverte de la linguistique et Freud sont quasiment contemporains. Le problème posé est qu'en effet une autre forme commence à surgir; et l'on voit très bien entre Joyce et Pound, par exemple, une sorte de convergence vers le projet formel. On ne peut plus appeler ça ni de la poésie, ni du roman, c'est une forme de récit historique qui revient, avec comme ambition d'être le reflet le plus complet possible de l'Histoire et des différentes cultures de cette Histoire.

Il faut souligner ici l'ouverture brusque du problème du langage et des différences de provenance de culture de ces langages : une seule langue ne peut plus donner lieu à un phénomène littéraire donné. Il n'est pas obligatoire qu'on connaisse toutes les langues ou qu'on se serve de dix-sept langues, comme Joyce... Le problème est que cette ouverture hors des frontières nationales, hors des frontières d'une langue donnée, c'est la multiplicité historique d'un procès qui est en train de devenir planétaire, si on veut; la poésie de Pound, ou le *Finnegans Wake* de Joyce, ont ce projet de donner une vision aussi complète que possible des différentes civilisations, des différentes histoires, et de boucler cela à l'intérieur du langage le plus chargé possible. Mais il faut voir à travers quelle grille théorique ces deux projets ont lieu. Le projet Pound est, à mon avis, tout à fait orienté vers l'évocation d'un passé d'âge d'or, et, au fond, sa poésie se brise sur la nécessité historique. Quant à Joyce, la grille philosophique sur laquelle il construit cette espèce d'épopée de l'histoire, des langues, des civilisations, est entre Vico et Hegel; c'est une grille qu'on peut dire idéaliste, au sens le plus achevé du terme.

On ne peut pas dire qu'il s'agisse des formes qui se placent sur la base d'une critique, par exemple marxiste, de l'histoire. Dans Pound, par exemple, il est clair que le thème qui revient le plus souvent est celui d'économistes américains comme John Adams, etc.; il n'y a pas de vision, pas de compréhension du tout du matériel historique. Il est certain qu'il n'a pas ouvert *Le Capital* et que ça ne l'intéressait pas. Quant à Joyce, il est dans une structure mentale qu'on a souvent repérée comme étant de l'ordre théologique, très aboutie, et qui lui permet, en réactivant des formes beaucoup plus anciennes que les formes bourgeoises, de ramener des éléments enfouis.

Le point essentiel c'est cette forme nouvelle qui est en train de naître et qu'on peut très difficilement cadrer, car *roman* cela ne va plus, bien entendu, encore que, à mon avis, cela tue toute forme romanesque antérieure; et *poésie,* cela ne va pas non plus, bien que cela reprenne toute la charge de la question du langage poétique.

Marcelin Pleynet

Ne pensez-vous pas que cette crise du roman bourgeois reflète, d'une certaine façon, le conflit de nouvelles forces historiques et leur surgissement dans le champ idéologique et dans le champ social, sous la forme non plus d'individus mais de masses, ce qui bouleverserait complètement l'organisation de la langue ? Si le travail de Pound est réactionnaire, n'est-ce pas parce qu'il réagit à ce conflit de façon nostalgique ?

Philippe Sollers

Oui, mais il le ressent très fondamentalement; et c'est pour cela que j'ai cité Pound et Céline, parce qu'il est curieux que des écrivains si sensibles aux transformations du langage aient eu une idéologie fasciste — ce qui doit attirer notre attention, car il y avait aussi des phénomènes de masse dans le fascisme —. Il faut bien distinguer le phénomène régressif dans l'histoire qu'est l'apparition du fascisme, fait sur lequel on n'insistera jamais assez, parce qu'il est tout à fait déterminant pour la compréhension de tous les problèmes idéologiques qui se posent dans la superstructure. Je renvoie là au livre de Reich sur *La psychologie de masse du fascisme,* qui me paraît tout à fait fondamental.

Les deux grands problèmes nouveaux sont, d'une part l'apparition d'un langage de masse, c'est-à-dire qui n'est plus centrable sur un individu donné, donc qui brise la subjectivité bourgeoise, et d'autre part le phénomène de la découverte de l'inconscient, de ce nouveau statut du sujet dans le langage, lié à la découverte de Freud, car après cette découverte, tout un pan de littérature s'effondre. Pourtant, des milliers de romans continuent de s'écrire comme si l'inconscient n'existait pas, et c'est quand même curieux, car personne n'a continué à écrire comme si la terre ne tournait pas, par exemple. Cette découverte n'a pas encore fait entendre sa véritable force de percussion.

Je disais, en commençant, que je ne croyais pas que la littérature allait vers une essence de disparition; elle va vers une articulation toute nouvelle avec cette découverte de l'inconscient. C'est un point sur lequel toutes les avant-gardes ont eu à se prononcer au XXᵉ siècle; c'est là-dessus qu'on peut le plus précisément les juger. Il n'est qu'à faire une très rapide évaluation des textes les plus avancés de l'avant-garde au XXᵉ siècle, et les confronter à la découverte de l'inconscient, à la découverte freudienne, pour voir très clairement ce qui tient le coup et ce qui ne tient pas.

Marcelin PLEYNET

A ce second niveau, c'est en somme la science — et pas seulement la freudienne, d'ailleurs — qui viendrait vérifier le travail produit dans le champ idéologique par une certaine avant-garde artistique.

Si on prend seulement la conception de l'histoire, on a des écrivains qui vont se réclamer du marxisme, mais produire une littérature bourgeoise; donc, c'est à la fois la conception de l'histoire, le freudisme, et, en même temps, si l'on peut dire, une vérification dans la langue de cette conception de l'histoire qui, dès lors, ne reproduit pas d'une façon stéréotypée des formes déjà existantes, c'est-à-dire anachroniques.

Philippe SOLLERS

L'emploi du terme *marxiste-léniniste* dresse une ligne de démarcation entre ce type de littérature et la littérature de type formaliste. Il y a là une lutte tout à fait antagoniste entre deux types de langage. Au moment où la théorie du reflet — c'est un terme du matérialisme dialectique — était peu développée, et donc entraînait des erreurs considérables au niveau de la compréhension des formes du langage, le formalisme a été extrêmement subversif, révolutionnaire, progressiste. Le formalisme de l'époque, tel qu'il a été attaqué, menait le vrai combat progressiste et révolutionnaire, et c'est lui qui faisait éclater les vraies conditions nouvelles de l'exercice du langage dans l'Histoire.

Quarante ans après la reprise du formalisme, avec un décalage historique énorme, il s'est trouvé que nous avons été les éditeurs des premiers textes des formalistes soviétiques, par exemple, et qu'en quelque temps, ces textes totalement inconnus ont envahi le marché, et que le formalisme d'aujourd'hui s'en est puissamment servi dans son opération idéologique. Aujourd'hui, la position formaliste n'est plus progressiste, n'est plus productive, ne peut plus qu'empêcher la possibilité de faire apparaître dans la langue, dans la littérature, dans le roman, tous les nouveaux phénomènes sociaux, l'énorme transformation culturelle que nous sommes en train de vivre.

C'est pour cela qu'il y a lutte entre une littérature finalement très close, extrêmement patte de mouche, incapable de saisir, à la fois au niveau de la langue et comme perception philosophique, ou pratique sociale, le nouveau dans la société, et une autre littérature qui, elle, se réclame tout à fait officiellement du reflet, si l'on peut dire, puisque j'ai critiqué précisément toutes les formes naturalistes et réalistes de ce reflet. Le reflet, c'est avant tout ce qui est dynamique, dialectique, et qui condense le plus possible l'information à l'intérieur d'une dynamique de charge de la langue. Il est clair qu'on peut faire une autre littérature.

Je ne défends pas la *réalité* contre le langage, je dis que le rapport du langage à lui-même peut être inclus dans une machine qui représente l'ensemble des rapports sociaux. Il y a une lutte entre cette tentative et ce qu'on peut appeler les exténuations et les répétitions faibles du formalisme d'aujourd'hui. Il y a un texte de Jakobson sur Maïakovski qui prouve bien que l'influence déterminante sur la naissance du formalisme était le futurisme. Les formalistes d'aujourd'hui sont absolument coupés de toute force poétique révolutionnaire.

La lutte idéologique, aujourd'hui, touche en priorité, c'est évident, les couches petites bourgeoises, c'est-à-dire, finalement, des étudiants, des enseignants, etc. La crise de Mai 68 a été pour nous le symptôme qu'un phénomène nouveau était apparu dans la vie des pays capitalistes avancés. Ce n'est pas un phénomène seulement français, et il n'y a pas, dans les problèmes soulevés, que la sexualité, mais aussi la contraception, l'avortement, la lutte des femmes, etc.

Les forces politiques capables de comprendre en profondeur la signification de ces symptômes n'existent pas vraiment. Pourquoi ? Parce que celles qui existent sont traditionnelles et engagées dans une stéréotypie de type politiciste, qu'elles tiennent toujours le même langage, soit marxiste, académique, universitaire, soit électoraliste ou économiste vulgaire, c'est-à-dire sans avoir du tout apprécié en profondeur le phénomène de Mai 68, que d'ailleurs ces forces traditionnelles ont pour charge de refouler le plus possible, en dernière instance au profit de la bourgeoisie.

Je crois aussi que les forces politiques de l'extrême-gauche, du mouvement révolutionnaire, par leur dogmatisme, leur sectarisme, ou leur appréciation extrêmement mécanique ou traditionnelle du marxisme ont été, et sont pour l'instant encore, dans l'incapacité de mener une lutte d'envergure dans l'idéologie. C'est très clair pour nous : le camp révolutionnaire a abandonné la lutte idéologique dans les Universités ou ailleurs, même si ce camp s'est trouvé mêlé, par exemple, aux luttes récentes des lycéens, mais toujours sous une forme beaucoup trop traditionnelle, n'essayant pas assez d'être comme un poisson dans l'eau, dans l'apparition du nouveau phénomène social, de ces nouvelles formes d'idéologie. Ce qui a vaincu, pour l'instant, c'est, de la part du camp révolutionnaire, une attitude extrêmement étroite à l'égard de ces phénomènes, et, en général, un abandon quasi-complet de ce champ.

Ce qu'on peut faire, de façon très modeste, c'est essayer, au contraire, de développer toutes ces formes de luttes, et, en même temps que les formes de luttes, leurs reflets idéologiques corrects, au moyen des instruments dont on dispose, qui sont soit scientifiques, comme la psychanalyse, soit philosophiques, avec le matérialisme dialectique, soit avec la capacité qu'auraient la littérature ou l'art pour se placer à un lieu d'intervention efficace sans faire cette vieillerie qui serait un art populiste, dont personne ne veut plus.

On a parlé de Pound et de Joyce tout à l'heure, mais je crois qu'il y aurait beaucoup à dire de Maïakovski et des raisons pour lesquelles il a été contraint de se suicider. Comme dit Artaud, « Van Gogh, suicidé de la société »; c'est-à-dire qu'un

suicide, c'est évidemment la révélation de quelque chose quant
à la société où ça se passe. Et Maïakovski écrit ceci que je trouve
très beau : « Etre bourgeois, ce n'est pas avoir un capital et jeter
les pièces d'or par les fenêtres, c'est le talon des cadavres sur
la gorge des jeunes gens, c'est la bouche baillonnée par des
boules de graisses. Etre prolétaire, cela ne veut pas dire être
noir de charbon, être celui qui fait tourner les usines, être
prolétaire c'est aimer l'avenir qui fait sauter la boue des sous-
sols, croyez-moi ».

Quant au terme lui-même d'« avant-garde », on a beaucoup
discuté de savoir si on le gardait ou si on ne l'employait plus.
On en fait un usage tactique; c'est une utilisation à laquelle on
ne tient pas particulièrement, mais qui a une valeur tactique et
de rappel historique. Cela nous permet de nous placer immédiatement dans une histoire spécifique. Il faut quand même
déterminer des axes. L'histoire des différentes avant-gardes,
dans les pays occidentaux, en liaison aussi avec les révolutions
que se sont passées dans les pays socialistes, en sont un, qui peut
permettre de dire beaucoup de choses, d'éclairer beaucoup de
choses dans l'ordre de l'idéologie. Voilà pourquoi on garde ce
terme. Cela dit, beaucoup de gens l'emploient dans des fonctions
très contradictoires, et tout ce qui se réclame de l'avant-garde
n'est pas automatiquement de l'avant-garde...

Marcelin PLEYNET

Il faut insiter sur le fait que c'est un terme de stratégie
militaire, et que la façon dont on l'emploie signifie qu'il y a
lutte dans le champ idéologique. Il faut bien voir quel rôle peut
jouer l'avant-garde dans le champ de cette lutte idéologique, et
le rapport de cette lutte idéologique avec la réalité du tout
social à l'intérieur duquel elle se produit. On peut dire que ce
terme d'avant-garde pose aussi un type de temporalité qui permet, d'une certaine façon, de transformer le nouveau en avant;
pas simplement d'être à côté du nouveau, dans une perspective
évolutionniste, mais de libérer le nouveau dans la lutte en avant.

Philippe SOLLERS

De plus, je ne crois pas que l'avant-garde ait toujours été
récupérée par la bourgeoisie, sauf si l'on entend par récupération
le fait qu'avec le temps, les livres soient dans les bibliothèques,

et aient perdu leur côté brûlant. On ne peut pas dire que la transformation poétique d'un Maïakovski ait été récupérée par la bourgeoisie, loin de là ! La récupération est vraie, d'une certaine façon, pour un certain surréalisme, mais on ne peut pas dire la même chose d'Artaud. Même s'il y a récupération en cours d'Artaud dans différentes parodies théâtrales ou autres, le langage d'Artaud, lui, reste absolument abrupt et insaisissable par l'idéologie bourgeoises; il n'est pas classable.

Marcelin PLEYNET

Il faut s'entendre sur les moyens qu'emploie la bourgeoisie non pas pour récupérer, mais pour empêcher de lire, pour empêcher qu'une œuvre révolutionnaire produise ce qu'elle doit produire. Ce n'est pas parce que vous avez une double page de journal sur qui que ce soit, que l'auteur en question se trouve « récupéré ». Son nom propre est reproduit à une certain nombre d'exemplaires; un commentaire figure sous ce nom, pour définir ce qu'il fait, c'est-à-dire pour l'interpréter à sa façon. Lorsque la bourgeoisie ne peut plus censurer, elle recouvre; mais cela ne veut pas dire, bien au contraire, qu'elle récupère. L'œuvre reste alors tout autant révolutionnaire, et tout aussi productive que s'il n'en était pas question. En fait, un journal qui publierait une double page sur Artaud, ou une double page sur Lacan, par exemple, devrait obligatoirement devenir brusquement un autre journal.

Philippe SOLLERS

L'arme essentielle de ce recouvrement ou de ce brouillard, pour ne pas employer le terme de « récupération » qui voudrait dire que cela a été digéré alors que cela reste toujours aussi indigeste, l'arme essentielle est tout simplement l'Université. C'est l'arme quasiment absolue, car l'Université fonctionne sur du langage mort, et sur la nécessité absolue de rendre mort tout langage.
L'influence, la croissance de la pression du discours universitaire sur la mesure que l'on peut prendre des phénomènes esthétiques les plus avancés est un des grands freins pour la compréhension de l'apparition du nouveau dans nos sociétés. Ce n'est pas seulement vrai de la littérature, c'est vrai de la musique, de la danse, de la peinture, ou du cinéma. Le discours universi-

taire est là, malheureusement, en position de plus en plus dominante; or, il est difficile, par exemple, de rendre compte dans un langage universitaire d'un bouleversement comme *Stimmung* de Stockhausen. C'est au niveau de la compréhension idéologique de tous ces phénomènes nouveaux, de leur diffusion, de leur explication de masse, que les freinages ont lieu, et notamment par le relais prioritaire du discours universitaire.

Pour aborder la littérature, il faut se tenir le plus possible à l'écart des explications scolaires qu'on en donne, et surtout des explications de type universitaire, parce qu'il est très difficile de juger ce qui est un véritable événement dans la langue, et pas seulement dans l'agencement mécanique d'un certain type de procédés de composition. Un événement, dans la langue, transforme beaucoup plus de choses que des histoires de structure, de composition. Cela transforme d'abord la métrique, le rythme, la pulsation du langage dans son histoire même. Il est très difficile de comparer ces démarches avec, par exemple, celle de Ricardou, très visiblement orientée vers un calme de composition minutieux. D'ailleurs, la référence à *La Prise de Constantinople* (1) implique un détachement historique très dans l'habitude du formalisme. Quant à l'autre démarche, elle donne un livre qui, au contraire, dans tous ses fragments, est habité par une langue populaire, parlée.

On retrouve un vieux débat qui consiste à dire que lorsqu'on se place sur les positions de la langue, des transformations de langue que nous estimons être profondément enracinée dans l'histoire populaire, le résultat serait illisible pour le plus grand nombre, et, par conséquent, de l'élitisme. C'est une problématique tout à fait fausse. Ce qui est de l'élitisme, c'est d'empêcher que le livre soit lu partout, enseigné partout sous une forme vivante, autrement qu'universitaire, qu'on en parle partout dans les bureaux, dans les usines, dans les écoles, et que tout le monde se mette à l'expliquer.

Je crois qu'il n'y aurait pas de difficultés très grandes pour l'expliquer, et en tout cas cela serait beaucoup plus amusant à faire que de commenter pour la Nième fois *Phèdre* de Racine, ou *Polyeucte*, ou toute la langue morte qu'on apprend et diffuse à longueur de journée. Le langage de Maïakovski est très difficile et très savant, brisé et plien de ruptures, mais il est parfaitement accessible aux masses, et il suffit tout simplement qu'il y ait, dans un moment révolutionnaire de l'histoire, une explosion, pour qu'on voie très bien que ce qu'on appelle l'éli-

(1) J. RICARDOU, *La Prise de Constantinople*, Paris, Ed. Minuit, 1965.

tisme devient, au contraire, création spontanée des masses. Mais nous n'y sommes pas, et c'est pour cela qu'on dit qu'il s'agit d'élitisme.

Marcelin PLEYNET

Il faut souligner le fait qu'il y a dans *Lois* (1), par exemple, tout un vocabulaire argotique, et une langue fortement sexualisée, ce qui produit par rapport à Ricardou un abîme, car chez lui, la langue est on ne peut plus châtiée, aseptisée, d'un formalisme quasi-byzantin.

Philippe SOLLERS

L'argot peut être considéré dans la langue littéraire comme un type d'intervention freudien, peut-être moins imagé et moins mécaniste que des illustrations de scènes freudiennes.

Marcelin PLEYNET

Je ne pense pas que le rapport qu'on peut avoir avec une langue — qui ne soit pas une langue morte, mais une langue vivante — se résolve à de seuls effets plus ou moins baroques de signifiés véhiculant la même vieille rhétorique. Le rapport qu'on entretient à une langue vivante bouleverse le signifié et le signifiant de telle façon que le signifiant lui-même est investi, sexualisé, et pas seulement au niveau de l'anecdote, de l'aventure même graveleuse.

Philippe SOLLERS

La langue de William Burroughs est vivante, par exemple. Je vais m'expliquer sur la différence entre deux types de lecture. J'ai fait une expérience avec mon dernier livre, *H* (1). J'ai donné à lire les épreuves à un certain nombre de gens savants, cultivés, qui connaissent la littérature et s'y intéressent. Ils ont tous été immédiatement gênés par l'absence de ponctuation, et ils ont tous essayé de faire pression sur moi pour que j'introduise des

(1) Philippe SOLLERS, *Lois*, Paris, Le Seuil, Coll. Tel Quel, 1972.
(1) Philippe SOLLERS, *H*, op. cit.

blancs, des points, des chapitres, des points-virgules, voire même un petit tiret par-ci par-là, ou un filet de respiration. Ils le disaient au nom de ce qu'ils croyaient comprendre dans le livre. Ils avaient compris, mais ils trouvaient que la forme était un peu compacte, que cela manquait de blancs.

J'en ai donné des épreuves, aussi, à des gens beaucoup plus jeunes, qui ne s'intéressent pas spécialement à la littérature, qui n'en font pas leur existence sociale, ne gagnent pas leur vie avec elle — ce qui me paraît important —, qui tiennent donc compte de leur époque dans la façon même qu'ils ont de vivre, le jour, la nuit, avec des expériences qui ne sont pas celles des gens savants et cultivés à qui je les avais précédemment montrées. Ils ont lu ce livre très facilement. A un moment, je leur ai demandé si le manque de ponctuation ne les gênait pas. Ils m'ont répondu : — Ah bon ! il n'y a pas de ponctuation ? tiens, on ne s'en était pas rendu compte... Et eux, je suis sûr qu'énormément de choses, à l'intérieur du livre, leur échappaient. Mais à partir du moment où l'on était d'accord sur le rythme, c'est-à-dire sur la chose fondamentale, si vous préférez sur la façon de vivre, alors on aurait pu s'expliquer sur le contenu.

Il n'y a donc pas besoin d'être savant pour lire; quand on lit, on reçoit quelque chose qui est de l'ordre du rythme, et le rythme c'est fondamental. C'est cela, la lecture. Ce n'est pas du tout une lecture qui croit lire en récusant la forme, en reconnaissant tel détail, telle citation, telle référence; cela, c'est la méthode d'une lecture qui ne sert pas vraiment une transformation des sujets, qui ne les amène pas à se transformer. Tandis que ces sujets qui n'ont pas de difficultés à entrer dans cette littérature très nouvelle, parce que c'est leur façon très nouvelle de vivre, eux, peuvent apprendre par la suite des choses tout à fait nouvelles; et je préfère qu'eux les apprennent, plutôt qu'elles soient reconnues par des savants incapables de vivre de la façon dont ce livre est écrit.

IV

LE NOUVEAU ROMAN EXISTE-T-IL ?

●

Jean RICARDOU   Georges RAILLARD

Diffusé par France-Culture
le 18 décembre 1973
(97 L 340)

Georges RAILLARD

Critique et universitaire (Paris VIII).

A publié (entre autres) :

> *Aragon,* Paris, Editions Universitaires, 1964.
> *Michel Butor,* Paris, Gallimard, 1968.
> *La Nausée,* de Jean-Paul Sartre, Paris, Hachette, 1972.
> *Jacques Dupin* (Poètes d'aujourd'hui), Paris, Seghers, 1974.

Jean RICARDOU

Membre depuis 1962 du Comité de rédaction de la revue *Tel Quel.*

A publié (entre autres) :

> *L'observatoire de Cannes,* Paris, Editions de minuit, 1961.
> *La prise de Constantinople,* Paris, Editions de minuit, 1965.
> *Pour une théorie du nouveau roman,* Paris, Le Seuil, 1971.
> *Les lieux-dits,* Paris, Gallimard, 1972.
> *Le nouveau roman,* Paris, Le Seuil, 1973.

LE NOUVEAU ROMAN EXISTE-T-IL ?

Jean RICARDOU

Le nouveau roman n'a connu un accueil favorable que d'une minorité. L'idée qu'il existe un nouveau roman est même une idée antipathique à beaucoup. Pour s'en persuader il suffit de ce souvenir de ce qui s'écrivait, il y a une dizaine d'années, dans des journaux comme *Arts, Spectacles* ou *Le Figaro Littéraire*. Le Nouveau Roman, c'était une mode qui allait passer et, même, qui était déjà passée. A mieux réfléchir, d'ailleurs, on s'aperçoit que les prophéties de ces journaux étaient justes, non certes en ce qui concerne le nouveau roman, mais en ce qui concerne ces journaux eux-mêmes. Car *Arts, Spectacles* a disparu, et *Le Figaro Littéraire,* amenuisé, est allé se réfugier dans les pages du quotidien. Il est assez piquant de noter que les nécrologues des textes meurent avant les textes qu'ils croyaient enterrer.

Il ne faut pourtant pas croire que ces positions soient réservées à des journaux dont le moins qu'on puisse dire est qu'ils n'étaient pas de gauche. Aujourd'hui, cela continue, et dans certains journaux qui s'affichent de gauche. Il faudra peut-être un jour traiter de façon théorique pourquoi tant de journaux qui se prétendent politiquement de gauche proposent des pages littéraires qui sont souvent tellement à droite. *La Quinzaine Littéraire* passait une interview de Dominique de Roux, que certains classent à droite. De Roux y affirme en substance que le nouveau roman est une coquille vide.

Georges RAILLARD

Vous identifiez tout de suite nouveau roman et gauche.
Puisque vous regrettez que les pages littéraires des journaux de
gauche prennent vis-à-vis du nouveau roman une attitude d'opposition...

Jean RICARDOU

Il faudra que je précise ma position à cet égard. Auparavant,
je voudrais noter que dans un récent numéro du *Nouvel Observateur*, sous la plume de Jean-François Josselin, on peut lire le
jugement suivant : « Le nouveau roman, épanoui, et par conséquent débarrassé de son adjectif inutile « nouveau », est rendu
à sa pluralité : qu'y a-t-il de plus étranger à un livre de
Claude Simon qu'un livre de Robbe-Grillet ? ». Le ton de
Josselin est différent de celui de de Roux, mais la position est
finalement la même. Dans un cas, on dit que le nouveau roman
est une « coquille vide », dans l'autre qu'il s'est tellement épanoui
qu'au fond il n'existe plus, qu'il n'y a plus que des individualités.
Autrement dit, ce qui gêne Josselin et de Roux, c'est que
l'on puisse parler d'une collectivité, car cela met en cause tout
un aspect de l'idéologie dominante; c'est-à-dire à ce niveau, ce
qui s'enseigne dans la plupart des lycées, collèges, universités,
soit des idées et opinions qui correspondent à celles de la classe
dominante : la bourgeoisie. Ces idées dominantes essaient de
penser le problème de la littérature en termes d'originalité,
celle-ci étant centrée sur la singularité d'un écrivain. Evidemment, penser avec le concept d'originalité n'est pas commode,
lorsqu'on a affaire à une collectivité. Deux solutions se présentent alors : ou bien on dit que ce groupe n'existe pas (il n'est
pas né, il est déjà mort, il est devenu tellement important qu'il
n'existe plus et il n'y a que des individualités, des originalités
que l'on peut éparpiller, rendre confortablement indépendantes
les unes des autres); ou bien on reconnaît le groupe (mais comme
une école, un bataillon avec un chef et ses directives auxquelles
d'autres s'empressent d'obéir). Il y a dix ans, le nouveau roman,
pour certains, était composé de robots grillés, c'est-à-dire de ceux
qui obéissaient à Robbe-Grillet : *robots* parce qu'obéissant au
doigt et à l'œil, *grillés* parce que déjà morts.
Ainsi est-ce déjà en tant que collectivité que l'existence du
nouveau roman commence à poser des problèmes, à tout un

enseignement, à tout un journalisme, à toute une part de l'idéologie dominante. Il déclenche une sorte d'allergie idéologique.

Georges RAILLARD

Je ne crois pas que la France, ni dans sa majorité, ni dans ses profondeurs, soit profondément ricardolienne. Je ne crois pas que le ricardolisme se soit imposé. C'est une constatation que vous partagerez avec moi. Précisons : je ne m'appelle pas Pierre de Boisdeffre, et j'ai, depuis bien des années, autant que je l'ai pu, par la plume ou par la parole, soutenu un certain nombre d'écrivains du nouveau roman. Entre 1953, date de la publication de *Les Gommes* de Robbe-Grillet, puis de *Passage de Milan* de Butor, et 1973, vingt ans se sont écoulés. Le prochain roman de Claude Ollier s'appellera *Vingt ans après*. Aujourd'hui paraît chez Gallimard la remouture d'un livre de Bloch Michel, pamphlet contre le nouveau roman, qui s'appelle dans sa dernière version : *Dix ans après*.

La question qui se pose est : est-ce que ce nouveau roman a changé quelque chose ? Vous avez parlé d'idéologie dominante, en restituant le problème de l'originalité individuelle par rapport à l'école, par rapport au groupe, etc. Cela, on en a parlé il y a déjà vingt ans. Vous avez entendu à Cerisy, au colloque sur le nouveau roman, un sociologue de la littérature, québecois, vous dire : le nouveau roman n'intéresse personne et personne ne le lit, à part les critiques du nouveau roman, on marche en circuit fermé. On dit que le nouveau roman n'a pas de surface sociologique. La France dans laquelle nous vivons est plutôt anti-nouveau roman si j'en juge par le fait que l'on prend comme ministre des Affaires Culturelles quelqu'un qui n'a pas pour se recommander une étiquette politique, mais seulement le fait qu'il est le plus paléoromanesque que l'on puisse imaginer.

J'indiquerai tout de suite que le nouveau roman n'est peut-être pas aux endroits où l'on pourrait le chercher, au point de vue de son influence. Personnellement, je pense que l'on trouverait plutôt dans les pages de la revue *Pilote,* dans les bandes dessinées de Fred, par exemple, l'influence — elle est très active — du nouveau roman, de Robbe-Grillet en particulier, sur de très nombreux lecteurs. Mais le nouveau roman existe, d'une part parce que certains livres se diffusent, malgré ce qu'en disait ce critique auquel je faisais allusion tout à l'heure; que l'on travaille dessus, et peut-être aussi parce qu'il suscite un certain nombre d'attaques. Barthes le disait jadis, il y a presque vingt ans : lorsque la critique réagit mal, il faut savoir ce qui est attaqué et pourquoi elle réagit mal; peut-être quelque chose de vital est-il attaqué ? Il y a donc au moins cette présence du nouveau roman, même si les tirages de Robbe-Grillet, les vôtres, ceux de Butor ou de Nathalie Sarraute n'ont rien à voir avec ...

Jean RICARDOU

... ceux des mauvais romanciers qu'on lit actuellement beaucoup, et qu'on ne lira bientôt plus. Car il faut bien le dire, Mallarmé a aujourd'hui eu plus de lecteurs que Paul de Koch que plus personne ne connaît maintenant, mais qui était dévoré à l'époque par dizaines de milliers d'exemplaires. Fort justement vous remarquez : ce qui domine aujourd'hui dans la société française est contre le nouveau roman. C'est une façon de dire que le nouveau roman met en cause ce qui domine actuellement dans cette société française. Et nous y reviendrons sans doute ...

Pour l'instant, je voudrais dire que situer le nouveau roman est une question de niveau. Pour moi, le niveau est celui du travail textuel. Il faut poser le problème d'une façon rigoureuse : si le nouveau roman existe, cela veut dire qu'au niveau textuel, entre un certain nombre de pratiques, existe une certaine parenté de stratégie et de technique. Il est vrai que ce travail n'a pas été véritablement fait jusqu'à présent, et mon dernier livre (1) s'est proposé, cette fois, de poser clairement la question, en lisant les textes des écrivains que l'on peut considérer comme du nouveau roman, c'est-à-dire ceux qui ont accepté de travailler ensemble au colloque de Cerisy, en 1971, sous le titre *Nouveau Roman : hier, aujourd'hui*, et qui se sont estimés, entre eux, en suffisante compagnie.

Georges RAILLARD

C'est contestable !

Jean RICARDOU

Jusqu'à présent, les critiques qui ont parlé du nouveau roman, moi-même d'ailleurs y compris dans la mesure où j'avais déjà

---

(1) Jean RICARDOU, *Le Nouveau Roman*, Paris, Le Seuil, 1973.

écrit deux livres à ce propos, ne se sont guère demandé comment choisir les écrivains qui font partie du nouveau roman. Je me suis appuyé pour ma part sur la *seule* base solide, ce colloque, unique activité commune d'envergure réalisée par des romanciers sous le nom de nouveau roman. Entre ces gens, et je crois que mon livre apporte à cet égard une démonstration irrécusable, il y a, sur certains points, une communauté d'objectifs et de techniques indubitable au niveau de l'analyse du texte.

Alors, ces livres sont-ils lus, ne le sont-ils pas ? et, quand ils le sont, par qui ? Il est certain que Mallarmé (qui n'a peut-être été lu sérieusement que par une centaine de personnes de son vivant, et qui n'a peut-être été partiellement compris que par une dizaine) a plus fait du point de vue idéologique que des ouvrages tirés à des centaines de milliers d'exemplaires. Pourquoi ? Plus le tirage d'un ouvrage est fort au moment de sa venue, plus son travail de transformation idéologique est faible. S'il a un tel tirage, c'est qu'il correspond tout à fait au moule de lecture, au schéma de compréhension du public. Par conséquent, l'immensité même de son succès le disqualifie du point de vue d'une transformation idéologique.

Georges RAILLARD

Je suis absolument de votre avis.

Jean RICARDOU

Il faut essayer de voir plutôt ce qui est mis en cause par des ouvrages comme ceux du nouveau roman. Je le répète : ce sont des aspects majeurs de l'idéologie dominante. Voilà pourquoi, premièrement les nouveaux romans n'ont pas un grand nombre de lecteurs — car nous savons que les lecteurs, aujourd'hui, sont avant tout des éléments de la classe bourgeoise —, deuxièmement, ils sont relativement difficiles à lire pour certains — parce qu'ils s'opposent à la façon dont on nous a appris à lire —. Ceux qui ont du mal à lire le nouveau roman sont ceux qui s'appuient souvent à leur insu sur des préjugés idéologiques très précis : par exemple les dogmes de l'expression et de la représentation.

Ecoutez autour de vous, écoutez la radio, lisez les journaux littéraires et non littéraires, et comptez les occurences du mot *expression*; et comptez-les aussi, chacun, dans votre vocabulaire; vous verrez qu'elles sont innombrables. Au moment des événements de Mai 68, ce fut véritablement une apogée. Jusqu'au footballeur qui dit maintenant, en répétant le langage des journalistes, qu'il s'exprime beaucoup mieux à l'aile gauche qu'à l'aile droite, ce qui est tout de même, on en conviendra, une curieuse façon, très floue, de parler de technique footballistique. Or, la bourgeoisie, notons-le, au moment de sa phase historique montante, ne parle pas de liberté d'expression. La Déclaration des Droits de l'Homme parle de liberté de parole et d'écriture, ce qui est idéologiquement moins marqué. Au xixe siècle, la bourgeoisie ne postule plus le pouvoir comme elle le faisait encore au moment de la Déclaration : elle y est installée. Alors, on voit surgir deux grandes écoles littéraires : le romantisme où l'on *s'exprime* et le réalisme où l'on *représente*.

Sans entrer dans ces détails on peut dire que représenter et exprimer sont les deux faces de la même monnaie, une monnaie qu'il va falloir dévaluer, et qui se dévalue justement avec le travail du nouveau roman. En effet, si le lecteur programmé par l'idéologie dominante a des difficultés à lire le nouveau roman, c'est que la représentation s'y trouve mise en cause : à tout moment, dans ce qui est proposé au niveau de la fiction, ce que l'on croyait devoir changer reste fixe, et tout ce qu'on croyait devoir rester fixe change. Dans ce bouleversement, il est bien difficile de s'y reconnaître. Cela se passe pour toutes les techniques de la représentation : par exemple le récit. Le nouveau roman, peut-on dire, met le récit en procès : il le fait marcher et, en même temps, il le démonte et, le démontant, le refait marcher pour le démonter de nouveau.

Avec cette mise en cause de la représentation, nous allons vers un lecteur autre, un nouveau lecteur. Il sera, il est différent de ce lecteur fasciné qui, ouvrant le livre, n'a qu'une idée en tête : ne plus voir ce livre, tourner les pages sans s'en rendre compte, et voir défiler dans son esprit envoûté des aventures qu'il prend à la fois pour des aventures réelles et pour les siennes propres par personnes interposées.

Voilà où s'opère le travail de transformation idéologique. Et il ne fait sans doute que commencer : on ne peut en mesurer toute l'envergure en quelques années, ni même en dix ou vingt ans. Mais, indirectement, ce qu'on peut déjà voir aujourd'hui, c'est l'extinction de ce qu'on appelait les « grands » romanciers bourgeois; grands, bien entendu, par le tirage ou la notoriété, et quelquefois par l'Académie Française. Les derniers, les Maurois,

Mauriac, Montherlant, tous les « M » ont disparu, et on ne distingue pas qui, dans les générations suivantes, est en mesure de jouer ce rôle. Cela aussi est, indirectement, un effet du nouveau roman. On ne peut plus écrire aussi triomphalement avec les vieilles recettes.

Georges RAILLARD

J'ai l'impression que vous écrivez curieusement l'histoire de la littérature française. Vous parlez du romantisme et du réalisme, ces deux faces de la même pièce. Mais entre 1857 et 1953, vous semblez sous-entendre qu'il ne s'est rien passé ! Ce n'est pas à vous que j'apprendrai qu'il y a eu un certain Raymond Roussel, un certain Marcel Proust, et aussi Joyce, Faulkner, etc.

Jean RICARDOU

J'ai simplement évoqué la prise du pouvoir par certains concepts, notamment à partir de deux écoles littéraires bien connues, dont on nous a parlé et reparlé : le miroir que l'on promène le long d'une route pour Stendhal, le poème-miroir de l'âme pour Hugo. Bien entendu, je ne faisais pas du tout un abrégé d'histoire littéraire. Je pense tout à fait, pour avoir écrit sur quelques-uns, qu'il y a eu des écrivains importants du point de vue de la modernité, dans la période dont vous parlez.

Georges RAILLARD

Il y a eu tout de même un phénomène de radicalisation apporté par d'autres écrivains, dont les apports ont d'ailleurs été groupés par ces jeunes romanciers de 1953 pour en tirer un certain nombre de leçons. On rencontre là un problème que vous avez posé tout à l'heure à propos de votre dernier livre, à savoir le choix de ces nouveaux romanciers. On s'aperçoit rapidement que certains jettent par-dessus bord tous les ancêtres, que d'autres en conservent certains, et d'autres enfin les conservent presque tous, mais en les lisant différemment.

Pensons à ce qui s'est passé dans les années 1950. Nous avions d'un côté quelqu'un comme Nathalie Sarraute qui, après une lecture semble-t-il assez psychologiste de Proust, montrait qu'il fallait aller encore plus loin, qu'il avait encore des zones obscures après Dostoïevski et Proust. Il y a donc là, en arrière-plan, une lecture d'un certain nombre d'écrivains. Il y avait aussi Robbe-Grillet qui disait : j'ai lu Roussel, Balzac je ne le connais à peu près pas; et dans sa petite anthologie, se référait à Joë Bousquet d'une manière assez curieuse pour certains, à Roussel, à Svevo et à un certain nombre d'écrivains de ce genre, mais pas à Proust. Il montrait qu'il avait pu prendre chez Beckett, chez Bousquet, l'image du rêve, celle d'un monde en arrêt, en suspens, à re-narrer comme dans le rêve. Et puis, il y avait Butor qui, lui, récupérait — j'emploie à dessein le mot qui était employé d'une manière polémique il y a quelque temps — à la fois Madame de La Fayette et ses structures, Balzac et ses structures, Mallarmé, Proust, etc.

Par conséquent, chez aucun de ces écrivains il n'y avait commencement absolu, année zéro; ils se situaient par rapport à des expériences antérieures faites par de « grands écrivains », avec, bien entendu, des différences chez les uns et chez les autres. Je suis donc un peu gêné lorsque vous semblez donner à penser qu'entre *Madame Bovary* ou *L'Education sentimentale,* et *Les Gommes,* il ne s'est rien passé, que nous sommes à un commencement absolu. Il y a au moins une personne qui était louée par deux de ces écrivains de la première génération, puis par vous, c'est Roussel, qui figure quant à lui dans toutes les listes, comme il figurait d'ailleurs dans la liste du surréalisme : le livre de Jean Ferry, l'article de Breton, Fronton-Virage témoignent de ce que Raymond Roussel avait une existence avant le nouveau roman.

Jean RICARDOU

Il me plaît d'entendre prononcer le nom de Roussel. Roussel a été trop longtemps ignoré, en particulier par tout un enseignement français, jusqu'à ces dernières années : il faut aider à faire connaître un écrivain aussi étrange et rigoureux. Je suis donc d'accord avec vous, il y a une modernité avant le nouveau roman proprement dit. J'ai moi-même plus ou moins écrit sur Poe, Flaubert, Proust, Roussel, Valéry. Et, bien sûr, la modernité est au travail sur bien d'autres sur lesquels je n'ai pas écrit. Mais leur travail de mise en cause de certains aspects de l'idéologie, c'est à partir du travail du nouveau roman qu'il devient très visible. Voilà pourquoi il faut définir avec grand soin le corpus des textes intitulés « nouveau roman ».

Georges RAILLARD

Pour la clarté de l'exposé, on peut peut-être déjà préciser que le corpus est formé de la façon suivante : Michel Butor, Claude Ollier, Claude Simon, Nathalie Sarraute, Alain Robbe-Grillet, Robert Pinget et Jean Ricardou.

Jean RICARDOU

Ce qui me semble intéressant, c'est d'avoir essayé de dégager ce corpus non à partir de certaines idées préalables, mais à partir des romanciers qui, sous le nom de nouveau roman, ont accepté de travailler ensemble, avec des critiques, en proposant eux-mêmes un certain nombre de conférences et en participant à des discussions. Pour moi ce sont ces écrivains, le nouveau roman.

Georges RAILLARD

J'aurais préféré que cette démonstration ne s'appuyât pas sur quelque chose qui s'est passé en 1971, mais peut-être plus tôt.

Jean RICARDOU

Il s'est trouvé que cette manifestation a eu lieu en 71. Cela me semble d'autant plus important. Que dix ans après, des écrivains se réunissent pour travailler à partir d'une étiquette qui était dans l'air depuis des années n'est pas si courant. Essayez de faire cela avec des surréalistes : dix ans après, la plupart s'étaient dispersés dans tous les azimuts à la suite d'excommunications réciproques. Au contraire, avec le nouveau roman, sans avoir proféré de manifeste, sans avoir organisé une revue, sans avoir élu subrepticement une sorte de chef, une cohérence clandestine s'est implicitement maintenue, et a pu tout naturellement se coaguler à un certain moment.

Georges RAILLARD

Peut-être avant, mais peut-être pas après, à en juger par deux ou trois petits faits. Si je lis votre dernier ouvrage, intéressant et précieux par sa présentation systématique des procédures du nouveau roman, j'observe plusieurs choses. D'une part, vous accueillez bien le nom de Nathalie Sarraute et celui de Michel Butor, mais en vidant subrepticement, de l'intérieur, l'importance de leur présence. De deux façons. D'une part, à propos des procédures des variations dans l'œuvre de Nathalie Sarraute, vous montrez qu'elles sont reprises en charge par un narrateur qui montre sa propre hésitation en train d'écrire. Donc, nous quitterions une mosaïque textuelle pour renvoyer à un narrateur en train d'écrire qui, en tant que tel, essaie des expressions.

Jean RICARDOU

Comme je l'ai dit, j'essaie de voir selon quelles procédures la stratégie générale de mise en cause du récit est pratiquée. Je distingue donc un certain nombre de tactiques différentes, des groupes de techniques; et je m'aperçois en effet que deux écrivains, Michel Butor et surtout Nathalie Sarraute, appliquent cette stratégie avec un peu moins d'acharnement. Mais il ne m'intéresse pas de savoir s'ils sont plus ou moins dans le nouveau roman. Pour Nathalie Sarraute, c'est un peu, probablement, une question de génération : cet écrivain a commencé à écrire avant la guerre, ce qui n'est le cas d'aucun autre des écrivains considérés. C'est un handicap terrible, évidemment, du point de vue d'une certaine nouveauté, que d'avoir commencé à écrire plus tôt et d'avoir été formée dans un espace culturel différent de celui des autres écrivains plus jeunes.

Georges RAILLARD

Pour Butor, vous êtes beaucoup plus retors. Vous citez des œuvres de Butor qui sont *Passage de Milan*, *L'Emploi du temps*, *La Modification*, et cela s'arrête à *Degré*. *Mobile*, lui, qui ne figure pas dans la liste, intervient dans la démonstration du corps de votre texte. Cela me paraît grave, car il semble que vous soyez attaché à un modèle du roman : à partir de *Mobile* vous décrochez, en disant : ce n'est plus le récit traditionnel, cela n'a plus rien d'un roman, etc. Bloch Michel, dans son livre, *Le présent de l'indicatif*, disait jadis que *Mobile* était un livre que l'on regardait, un livre illisible. Et si *Mobile* entre dans votre démonstration, pourquoi pas *6 810 000 litres d'eau par seconde* ? Pourquoi pas *Intervalle,* etc. ? Brusquement, vous me semblez avoir une idée singulièrement étroite de ce qu'est un roman.

Jean RICARDOU

Il y a trois choses dans ce livre que j'ai consacré au nouveau roman pris comme ensemble. Premièrement, la bibliographie commentée : elle contient, sauf erreur, tous les livres de Butor. Deuxièmement, mon analyse : elle parle non seulement des romans proprement dits mais aussi de *Mobile.* Troisièmement, la liste dont vous parlez : elle sert à déceler les éditeurs qui ont publié les romans et nouvelles du nouveau roman. Je me suis donc contenté, pour cette liste, des livres qui portaient l'une ou l'autre de ces indications.

Georges RAILLARD

C'est une soumission à l'idéologie commerciale dominante !

Jean RICARDOU

A cet endroit-là, il s'agit seulement de voir quels sont les rapports du nouveau roman avec les instances de la diffusion culturelle, c'est-à-dire d'une part l'Université, d'autre part les journaux, enfin les éditeurs. En ce qui concerne Butor, il est de fait que ses quatre premiers livres ont été appelés romans, et qu'ensuite il les a appelés autrement : je me suis donc arrêté là. Je n'ai pas dit qu'ensuite Butor n'avait plus écrit de textes qui concernaient le problème. A cet endroit, il s'agit de l'idéologie — c'est-à-dire sous l'angle de la diffusion — et non pas des textes eux-mêmes. Observer en somme quels sont les éditeurs qui ont publié des ouvrages avec le mot roman, en ce qui concerne le corpus considéré.

Georges RAILLARD

Votre réponse me surprend beaucoup. Je m'attendais à ce que vous me disiez qu'à vos yeux Butor paraît passablement hétérodoxe par rapport à une certaine idée que vous avez du nouveau roman.

Jean RICARDOU

Je n'ai nullement l'intention d'excommunier Michel Butor ni Nathalie Sarraute. Je fais partie au contraire de ceux qui les ont invités au colloque de Cerisy, et ils m'ont fait le plaisir de répondre positivement, d'y envoyer des textes, d'y travailler. C'est la collectivité qui m'intéresse, non l'orthodoxie.

Georges RAILLARD

Vous avez, dans vos trois livres : *Problème du nouveau roman* (1), *Pour une théorie du nouveau roman* (2) et *Le nouveau roman* (3), insisté avec une précision critique à laquelle tout le monde rend hommage, sur une théorisation des procédures du nouveau roman. Il faudrait peut-être préciser d'une part à quoi tendent ces procédures du nouveau roman et, d'autre part, si en dépit du refus du mot « école », il n'existe pas une stratégie commune sans laquelle des individualités n'existeraient plus.

Je ne vois pas pourquoi vous refusez — si ce n'est d'une manière stratégique — de faire intervenir des noms propres. Il y a, bien sûr, eu hypertrophie de la propriété littéraire, de la capitalisation du sens, du nom propre, de l'expression. Mais je ne crois pas que cela nous autorise à gommer la spécificité des œuvres, des productions du nouveau roman. Je ne vois pas au nom de quoi vous pourriez opposer les procédures de groupe à l'originalité, et à la participation à ces procédures.

Jean RICARDOU

A quoi tendent les procédures communes des nouveaux romanciers que j'ai analysées ? Eh bien, il me semble que je l'ai montré dans mon livre, et esquissé ici. Elles tendent à mettre en cause le récit. On voit exactement de quelle façon le récit est perturbé par telle ou telle technique. Alors à quoi tend cette contestation générale du récit ? Cette mise en cause du récit (non pas son abolition, mais sa mise en fonctionnement empêchée, si j'ose dire) débouche sur une connaissance du récit à partir des perturbations qu'on lui propose.

(1) Jean RICARDOU, *Problème du nouveau roman*, Paris, Le Seuil, 1967.
(2) Jean RICARDOU, *Pour une théorie du nouveau roman*, Paris, Le Seuil, 1971.
(3) Jean RICARDOU, *Le nouveau roman*, op. cit.

Peut-être va-t-il être possible de mieux comprendre ce qu'est un récit au moment précis où on l'englobe de toutes parts, où on le réduit, le restreint, le fait trébucher de mille façons. Or, qu'est-ce que c'est qu'un récit ? Je ne connais pas beaucoup de religions qui n'aient à leur base un récit, je ne connais pas beaucoup de journaux qui nous informent sans récits. Puisque nous parlions du *Nouvel Observateur,* permettez-moi de vous dire qu'il y a dans certains journaux de gauche, cette fois dans la partie politique, une propension extraordinaire, de plus en plus, à remplacer l'analyse théorique par des récits du genre : Conseil des ministres, Georges Pompidou arrive, l'œil sombre, la cigarette au coin des lèvres, il regarde ses ministres et déclare...

De cette façon, la place réservée à l'analyse politique est restreinte par la mise en place d'un personnage et d'un récit sous-balzacien. Ces facilités rassurantes doivent absolument être interrogées. Quant à l'Histoire telle qu'on l'enseigne, on se rend compte que les récits en composent la plus grande part. Pensons aussi que c'est sous forme de récit que nous nous remémorons nos rêves. Ainsi, on le voit, la société et le fonctionnement de chacun s'appuient foncièrement, de mille manières, sur toutes sortes de récits oraux ou écrits. Ceux qui mettent en cause le récit s'attaquent du point de vue idéologique à quelque chose d'absolument énorme, et c'est pourquoi on les craint tellement.

Georges RAILLARD

Les craint-on vraiment ?

Jean RICARDOU

La crainte est à la mesure de l'agressivité qu'ils déclenchent. Il est vrai que j'ai essayé de prononcer le moins possible de noms propres, sauf comme indices des textes. Mais cela ne veut pas dire que j'efface le problème de la spécificité de chacun, au contraire. J'ai assez lu les textes de mes amis, et les miens de temps en temps, pour m'apercevoir qu'il y avait des différences. Qui dit le contraire ? Seulement, ce problème, l'idéologie dominante le pense en termes d'originalité, c'est-à-dire renvoie à une sorte d'entité autonome, l'Auteur, avec un grand « A », propriétaire d'un quelque chose à dire qu'il exprime, et d'une certaine vision du monde qu'il représente. Il s'agit là de notions caduques et qui arriveront de moins en moins à comprendre le travail de la littérature moderne.

Par contre, à partir du moment où l'on réussit à rassembler un certain nombre d'écrivains d'une même époque, et où l'on fait apparaître cette communauté à l'aide de certains concepts pertinents, il devient tout à fait possible, à partir de ce rassemblement, de penser toutes les différences. Un texte est en effet une stratification tellement complexe qu'il est tout à fait possible qu'à un niveau, certains textes soient en communauté et qu'ils ne le soient pas du tout à d'autres niveaux. Il devient alors possible de spécifier ce que je nomme *la distinction d'un texte*, et non plus son originalité. La distinction est la somme des différences qui le séparent de tel ensemble de textes pris comme point de comparaison, et qui peut être aussi un autre texte du même écrivain, ou un texte d'un autre écrivain. Ainsi, il est tout à fait possible d'atteindre la spécificité sans occulter pour autant la communauté, tandis que si l'on pense en termes d'école, on ne pense plus la distinction, et si l'on pense en termes d'originalité, on ne pense plus la communauté.

Le nouveau roman exige et permet une transformation idéologique qui conduit à un dispositif théorique.

Georges RAILLARD

Je parlais d'antériorité chronologique des textes. Par exemple, selon Butor, le monde est une bibliothèque, et écrire revient à mettre en forme une série de récits. Quand Ricardou écrit *L'Observatoire de Cannes* (1), ce n'est pas cela qu'il fait. Il contre cette antériorité textuelle.

Jean RICARDOU

A partir donc de la communauté que j'ai fait paraître dans mon livre, on peut faire des subdivisions, établir des distinctions. Ainsi peut-on mettre, par exemple, d'un côté les gens qui, comme Michel Butor, pensent qu'il faut réorganiser la culture, la rendre plus claire, montrer des relations entre des éléments qui n'apparaissent pas au premier coup d'œil, et d'autre part ceux qui, bien entendu, savent qu'existent d'autres textes, mais qui utilisent ces textes de façon à les déformer, à les transformer, à les mettre en

(1) Jean RICARDOU, *L'Observatoire de Cannes*, Paris, Ed. de Minuit, 1961.

cause. On pourrait donc distinguer les écrivains du nouveau roman qui s'intégreraient, d'une certaine façon et non sans problèmes, à la culture, et parmi lesquels on pourrait citer Michel Butor, et ceux qui, au contraire, essaieraient de désintégrer la culture en lui faisant subir certains chocs et parmi lesquels on pourrait citer plusieurs autres dont mon propre travail, par exemple, dans *La Prise de Constantinople* (1). J'appellerais ces clivages des contradictions secondaires.

Quelque chose n'existe jamais que par opposition à autre chose. Dans notre cas, c'est une situation culturelle donnée qui est travaillée. Je ne peux pas savoir ce que sera le nouveau roman dans dix ou vingt ans. Il s'agirait tout simplement d'une prospective, d'une vision idéaliste de l'Histoire, c'est-à-dire celle qui prévoit l'avenir par extrapolation, sans tenir compte des transformations que la pratique fait subir à la réalité. De plus, cette poussée de textes, il semble qu'on ne puisse pas refuser trop longtemps d'en parler, sans laisser entendre qu'on ne lit pas la littérature contemporaine. Une pression s'exerce donc sur les professeurs.

Il se trouve que la pénétration de ces textes permet deux opérations contraires. D'une part, une tentative d'édulcoration. On essaie de dire : tout cela est pensable avec nos modes de pensée habituels, psychologie, représentation, tout ce à quoi nous sommes habitués. Et dans certains cas, les textes marchent effectivement un peu de cette façon, par certains aspects, sur certains points moins novateurs. Inversement, ces textes que l'on a introduits pour les édulcorer résistent à ces manœuvres, les contestent, et demandent impérieusement d'autres méthodes, un tout autre système de pensée. On souhaitait une édulcoration, on permet une contestation.

Le problème, bien entendu, n'est pas d'étiquette. Cependant, il faut, si l'on veut poser des problèmes collectifs, construire rigoureusement cette collectivité. Si l'on use de critères de choix à base intellectuelle, on n'aura pas un corpus véritable, mais simplement une collection qui illustre les thèses que l'on veut défendre. Comment établir ce corpus ? Pour le nouveau roman, il était flou et variable au gré de chacun, avec des évolutions dans le temps. Avant même de traiter des problèmes collectifs, je voulais savoir si cette collectivité pouvait être définie et pouvait se déterminer. L'idée du colloque de Cerisy est donc venue. Certaines gens ont accepté de participer, étant entendu qu'ils connaissaient les écrivains dont on allait parler, en même temps

(1) Jean RICARDOU, *La prise de Constantinople*, op. cit.

qu'eux, sous la même dénomination du nouveau roman. C'était le seul critère pertinent, il me semble, pour déterminer cette collectivité; en la composant par la communauté d'un travail collectif, librement consenti. Le fait qu'on y soit revenu avec insistance, montre l'importance du fait collectif aujourd'hui, et la difficulté qu'il y a, finalement, à le penser et à le travailler.

Cela dit, il ne faudrait pas confondre le nouveau roman avec toute la modernité, et lui donner ainsi une prééminence absolue. J'ai essayé de montrer comment, avec cette collectivité, se posaient des problèmes dépassant l'individualité, l'originalité de chacun, mais qui poussent à un travail d'ensemble. Ces problèmes communs sont un des aspects de la modernité. Mais l'ensemble est certes plus complexe. Il faut noter, de plus, qu'à l'intérieur du nouveau roman, sans en avoir fait l'histoire (car il faut un peu se méfier d'une certaine histoire littéraire), on peut déceler une évolution en ce qui concerne la mise en cause du récit, d'où une transformation du nouveau roman dans la transformation générale de la modernité.

Georges RAILLARD

En 1960, puisque c'est à peu près cette date qui séparerait le N.R. du N.N.R. — le nouveau roman du nouveau nouveau roman—, quelque chose s'est passé qui aboutit peut-être à la formation d'un corpus qui n'est pas sans se durcir un peu dans ses lignes théoriques. Le premier nouveau roman s'est développé dans les environs, dans les marges du sartrisme, et aussi en réaction contre le sartrisme : à ce moment-là, on parlait constamment du retour à la réalité, d'un nouveau réalisme. En 1960, il n'est plus question que de procédures formelles, d'engendrement formel, et vous avez vous-même insisté à juste titre sur le terme de générateur. Depuis 1960, si l'on en croit cette coupure, le nouveau roman serait déporté, ou bien aurait découvert sa vérité, son vocabulaire. Robbe-Grillet disait qu'autrefois on pensait certaines choses, mais qu'on ne disposait pas encore de vocabulaire pour les bien décrire. Aujourd'hui, on accentuerait ce côté formel qui, d'ailleurs, n'est pas une découverte du nouveau roman, puisqu'on l'a trouvé chez Raymond Queneau bien auparavant. Si vous avez joué, avec les quatre lettres de votre prénom et les huit lettres de votre nom, Raymond Queneau a joué avec les sept lettres de son nom et de son prénom, lui aussi.

Au début de votre livre, vous avez tenté d'établir une liste d'écrivains — en très petites lettres — dans laquelle sont englobés les nouveau romanciers, et qui va de Suzanne Allen à Kateb Yacine, c'est-à-dire de A à Y. Comment, aujourd'hui, distinguer stratégiquement ou réellement le nouveau roman du travail de Baudry, de Sollers, de Queneau, dont les procédures sont loin de celles que vous décrivez dans votre dernier livre ? La mise en abîme, le récit dégénéré, le récit avarié, le récit transmuté, le récit enlisé, autant de catégories qui s'appliquent mal à Guyotat...

L'essai de dresser la carte de la perturbation qui se passe à l'intérieur du récit, et de celle que le récit au sens subjectif et objectif — le récit nouveau — peut créer à l'extérieur, nous ramène à notre première question : quelle est l'efficacité de ces procédures ?

Jean RICARDOU

Il ne s'agit pas d'établir des hiérarchies : puisque j'établissais seulement à cet endroit une liste, le service de fabrication m'a suggéré de la ramasser avec des caractères d'un corps plus petit. Les textes des auteurs dont vous parlez n'entraient pas dans mon sujet, mais qui pourrait croire que ce corps d'écriture a pour fonction de les abaisser dans une quelconque hiérarchie ?

Quant à Guyotat, il y a aussi perturbation du récit chez lui. Elle est opérée avec d'autres tactiques que celles du nouveau roman : l'excès calculé d'une série de dépenses sexuelles rapprochées dans un petit nombre de pages, par exemple. Le récit ne trouve plus alors le moindre ressort, la moindre caution dans une éventuelle réalité; d'autre part, le rythme des assouvissements est trop rapide pour que le récit trouve son appui très longtemps, au niveau du fantasme. A partir de ce point, je veux bien qu'on fasse de nouveau la distinction entre Guyotat et le nouveau roman, mais dans un nouvel ensemble, celui des grands perturbateurs du récit que l'on aurait alors à définir un peu autrement.

Georges RAILLARD

Une question insistante est de savoir si, après vingt ans, et encore maintenant, ce travail fait sur le texte, cette déconstruction du récit traditionnel grâce aux procédures que vous avez indiquées, ou à d'autres procédures dont vous avez moins parlé, aboutit à quelque chose qui fonctionne en dehors des systèmes de lecture auxquels vous et moi nous nous prêtons, si ces procédures ont apporté après tant d'années quelques perturbations dans l'idéologie dominante.

Jean RICARDOU

L'une des perturbations est représentée par l'irruption de ces ouvrages dans certains secteurs de l'université où il est probable, malgré certaines tentatives réductrices, qu'on ne peut plus parler de ces livres comme on parlait des autres. Quant à ces autres livres, on s'aperçoit qu'en en parlant de l'ancienne façon, on les cachait. Les professeurs qui analysent désormais le nouveau roman s'aperçoivent par contre-coup que les méthodes qu'ils mettent au point pour penser ces textes peuvent aussi être appliquées aux textes passés, et qu'ils vont ainsi pouvoir étudier autrement des textes qu'ils paraphrasaient, résumaient, ou à propos desquels ils parlaient avec trop d'insistance de tel événement survenu dans la vie de l'auteur, avec une érudition qui passait résolument à côté des problèmes.

Les plus curieux d'entre eux vont peut-être aussi se dire qu'on avait l'habitude de ne pas tellement étudier certains livres, parce qu'ils semblaient moins intéressants — je pense par exemple non seulement à Roussel, mais aussi à la préciosité —, et qu'il faudrait peut-être les exhumer. On ne sait pas alors ce que des gens enseignés de cette façon vont exiger, vont penser, vont faire.

D'un autre côté, il est certain qu'il y a de moins en moins de romanciers, sûrs d'eux et ignares, qui pensent pouvoir écrire comme les modèles académiques le prescrivent. Il va y avoir de toute évidence pénurie du livre académique : il y en aura bien entendu encore puisque l'idéologie dominante est là pour les solliciter et les récompenser, mais leur niveau va diminuer de plus en plus, leur tonus va baisser. Déjà, sauf exceptions, le tirage des romans traditionnels baisse. On parle de la désaffection des lecteurs pour le nouveau roman : en réalité c'est une désaffection pour le roman traditionnel beaucoup plus que pour le nouveau roman, qui continue, lui, à accroître patiemment le nombre de ses lecteurs.

Ce qui est en cause, comprenons-le bien, ce sont des processus de pensée. La façon de penser son rapport au texte, le rapport du texte au monde, la façon de se penser soi-même dans la société où l'on est, et de penser la société elle-même, c'est cela qui est en train d'être mis en cause, à un certain niveau, ici, bien entendu. La notion d'expression-représentation, par exemple, fonctionne dans un processus à deux étapes : premièrement, la présence d'un sens à communiquer; deuxièmement, sa manifestation la plus authentique. Or elle atteint son apogée, nous l'avons vu, au XIXe siècle, avec l'avènement du pouvoir de la bourgeoisie. J'attirerai alors l'intérêt sur une grande notion du classicisme : l'illustration. Elle fonctionne à l'envers, mais dans le même système : le sens n'est plus tellement pensé à partir de l'émetteur, mais à partir du destinataire. Il est déjà là, mais comme ce qui doit être provoqué dans l'esprit du récepteur. Il faut alors pratiquer, non plus sa manifestation la plus authentique, mais la plus habile : c'est la rhétorique. Cette notion, inverse et cousine de l'expression-représentation, domine précédemment sous le pouvoir installé, malgré ses contradictions, de l'aristocratie.

Ces deux conceptions idéologiques correspondent à deux types de sociétés de classes; voilà qui est mis en état de caducité par le nouveau roman. Et je me demande (même si à gauche on est souvent un peu loin de le comprendre) si ce qui se travaille avec ces textes et ce qui commence à se penser, théoriquement, à partir d'eux, n'est pas une conception qui pourrait bien correspondre à ce que sera peut-être, un jour, réellement, une société sans classes.

Cela ne se fait pas par grandes proclamations, mais dans le silence des textes, ce silence qui, peu à peu, on s'en apercevra, finit, dans l'idéologie, par renverser beaucoup de choses.

Georges RAILLARD

Quand vous parliez, tout à l'heure, un peu violemment, du rôle de l'école et de la place que peut y prendre le nouveau roman, j'ai entrevu un certain type de récupération, celui qui ferait prendre à des textes de Robbe-Grillet la place de ceux de Maurice Rollinat dans les livres réservés à l'école. Cette percée s'est faite d'abord dans les livres pour l'enseignement technique, où l'on apprenait à lire avec Robbe-Grillet, afin de former des ingénieurs, des cadres supérieurs ou moyens, qui écriraient sans fioritures. Il y a donc déjà un piège à l'intérieur même de l'école. Si l'on n'entre pas dans ce piège, le problème reste à envisager de savoir si cette perturbation des structures textuelles connaîtra une pénétration suffisamment large et rapide dans l'école pour qu'elle puisse jouer le rôle que vous avez décrit.

Je me demande si nous avons traité de la question, ce soir, et si nous ne sommes pas passés entièrement du côté du sujet, qui aurait peut-être été d'examiner, à partir de vos livres, comment une déconstruction du discours de l'idéologie régnante pouvait se faire ou non à partir des procédures réellement employées dans le nouveau roman.

V

LE LIVRE ET LA MUSIQUE

●

Miche BUTOR   Henri POUSSEUR

Diffusé par France-Culture
le 3 juillet 1973
(97 L 326)

Michel BUTOR

Professeur à la Faculté des lettres de Nice.

A publié (entre autres) :

La *modification*, Prix Théophraste Renaudot, Paris, Editions de Minuit, 1957.

L'emploi du temps, Prix Fénéon 1958, Editions de Minuit.

6 810 000 litres d'eau par seconde, Paris, Gallimard, 1965.

Degrés, Paris, Gallimard, 1968.

Dialogue avec trente-trois variations de Ludwig van Beethoveen sur une valse de Diabelli, Paris, Gallimard, 1969.

Votre Faust (opéra en collaboration avec Henri Pousseur), 1969.

Henri POUSSEUR

Compositeur belge.

Participe à la création de la Fondation d'Etude de la Musique Electronique de Bruxelles.

Fondateur du centre d'Etudes Musiques Nouvelles.

A dirigé ou participé à des concerts à Liège, Bruxelles, Paris. New York, Milan, etc.

A publié (entre autres) :

La polyphonie en question (à propos d'A. Schönberg op. 31) Jaarboek V, IPEN, Université de Gand, 1970.

Fragments théoriques I sur la Musique Expérimentale, Editions de l'Institut de Sociologie, Université libre de Bruxelles.

Compositions (entre autres) :

Mobile, 1958.

Madrigal, 1963.

Votre Faust (en coll. avec M. Butor), opéra, 1969.

LE LIVRE ET LA MUSIQUE

Michel Butor

J'ai toujours été frappé du fait que les musiciens emploient pour parler des œuvres musicales le terme de *littérature*. Les musiciens parlent de la littérature pour piano par exemple, ce qui signifie : œuvres écrites pour le piano.

Henri Pousseur

Beethoven exigeait qu'on le considère comme poète du son, comme un écrivain d'une catégorie particulière.

Michel Butor

Les musiciens lisent souvent beaucoup. Il existe certainement une influence de la littérature sur la musique. Par contre les écrivains ne sont pas toujours des gens qui écoutent beaucoup de musique, et surtout ce sont rarement des gens qui la pratiquent. Très peu d'écrivains français sont capables de déchiffrer la partition la plus élémentaire, de lire simplement une chanson populaire. Ceci n'empêche pas une action au moins atmosphérique des structures musicales sur les structures littéraires.

Un problème est évidemment central, celui de la relation entre le texte et la musique à l'intérieur même des œuvres musicales, qui débouche sur le problème de la relation entre le texte et la musique à l'intérieur même des œuvres littéraires. En ce qui concerne les œuvres musicales, la relation entre le texte et la musique est un problème essentiel, pour une raison toute simple, qui est que la plus grande partie de la musique connue est une musique vocale faite sur des textes. La musique purement instrumentale que nous connaissons en Europe, est relativement récente. La musique ancienne est toujours soutenue par un texte. Or l'évolution de la musique occidentale vers l'instrument s'est faite d'une façon tellement radicale qu'à partir d'un certain moment on s'est demandé comment la musique pouvait aller avec le texte, d'où la crise de genres comme l'opéra, par exemple.

Il est fréquent de voir aujourd'hui des gens préférer entendre une œuvre vocale dans une transcription pour instruments. C'est catastrophique en ce qui concerne la relation fondamentale entre la musique et le texte, car ces œuvres étaient faites pour un texte et à partir d'un texte, mais c'est aussi catastrophique en ce qui concerne la musique elle-même, parce que les sons de la langue sont des phénomènes musicaux, et que chez certains musiciens au moins, et surtout chez ces musiciens anciens qui travaillent beaucoup sur la voix, il n'est pas du tout indifférent que telle note soit prononcée avec telle voyelle ou avec telle consonne, — ce qui fait que, par exemple, lorsqu'on entend une cantate de Bach chantée dans une traduction, on entend une musique absolument fausse; je prends l'exemple de Bach spécialement parce que chez lui les consonnes ont une importance aussi primordiale que dans un negro spiritual —.

Henri POUSSEUR

Il faudrait remarquer que dans des cultures différentes de la nôtre, l'association musique-texte est beaucoup plus étroite, et beaucoup plus naturelle, si je puis dire. Il n'y a pas cette espèce de dissociation première, ne réunissant qu'ensuite les deux catégories, mais création d'un seul jet de poèmes chantés.

Le problème que vous soulevez peut être considéré dans la perspective du livre, c'est-à-dire de l'écriture. Cela m'amène à penser à des questions très précises que j'ai abordées récemment dans une perspective de pédagogie, ayant à travailler avec un pédagogue de l'anglais qui se trouvait placé devant des problèmes de notation. Vous savez qu'avec les nouvelles méthodes audio-visuelles d'apprentissage des langues, on a développé des notations de la langue qui essaient de rendre compte de certains phénomènes tels que l'intonation, la modulation de la voix pour articuler le langage. Ces notations sont encore extrêmement sommaires, et cet ami avait constaté combien elles sont difficilement utilisables, parfois tout à fait inefficaces, et en tout cas pas du tout systématisées. Il m'avait donc demandé de réfléchir avec lui à la question.

Nous avons alors essayé de faire un travail un peu systématique, encore que très élémentaire, et nous nous sommes rendus compte qu'en fait, les deux disciplines, dans la mesure où sont séparées l'une de l'autre la langue parlée et la musique, ont développé des systèmes de notations complémentaires, mais qui ne se complètent pas toujours, restant séparés l'un de l'autre. En effet, alors que le matériau de la langue est, d'une certaine façon, le même que le matériau de la musique — le son avec toutes ses variables, la variable de temps (l'articulation dans le temps, le rythme), la variable de hauteur, la variable de timbre, de dynamique, d'intensité —, ces variables ont été systématisées et notées différemment. La notation du langage, l'alphabet, est une notation principalement axée sur le timbre. Les voyelles, les consonnes sont l'opposition des sons et les bruits : la différenciation des voyelles étant les différents timbres harmoniques, les différentes composantes spectrales, etc, et les consonnes les différents types d'attaques, de bruits. Par contre, le phénomène de l'intonation, de l'inflexion mélodique n'est pas du tout représenté dans la notation du langage, et lorsqu'on se trouve placé devant le problème de sa notation pour des raisons pédagogiques, on a de grosses difficultés. Au contraire, la musique s'est spécialisée dans la notation des rapports de durée très précis, que l'on ne note pas tellement non plus dans le langage, et surtout de rapports de hauteur parce qu'elle a développé ces rapports beaucoup plus systématiquement que la langue parlée.

Dans la langue parlée, nous avons des inflexions de hauteur mais elles ne sont pas fixées d'une manière absolue, alors que dans la musique, peut-être à cause de la pratique instrumentale et du développement de l'oreille, on est arrivé à fixer des rapports de fréquence, des systèmes de hauteur qui ont donné lieu à la notation. Nous avons donc une notation musicale qui met l'accent sur ces variétés de hauteur, alors que les timbres n'y sont presque pas représentés par le fait qu'on écrit pour tel ou tel instrument, mais il n'y a pas un signe qui représente le timbre proprement dit; la différence d'intensité est notée par des signes encore très grossiers.

Nous avons donc là deux systèmes de notation qui portent sur des domaines différents. Quand nous avons à associer un texte à une musique, nous nous trouvons donc tout de suite devant un problème de notation. Bien entendu, nous pouvons associer les deux systèmes. C'est d'ailleurs la manière classique qui consiste à utiliser les lettres pour noter le texte, et à superposer cette notation à la notation musicale, à la notation mélodique, par exemple. Mais on se trouve très vite placé devant des problèmes assez grands du fait que les termes du langage, mis en musique, sont déformés, étirés dans le temps, etc., et que tout un ensemble de nouveaux problèmes de notation apparaissent alors.

Michel BUTOR

La différence entre musique vocale et musique instrumentale n'est quand même pas propre à l'Occident européen; dans quantité d'autres civilisations, des phénomènes de musique instrumentale existent, en particulier des développements de percussion considérables, avec souvent peu de texte. C'est dans l'évolution de la notation de la musique occidentale que le texte a joué un rôle absolument déterminant.

Ce point est essentiel : selon les langues employées, la relation entre ces deux systèmes de notation n'est pas la même; le français, en particulier, représente un cas extrême de démusicalisation de la parole : en français, la différence de longueur entre les syllabes n'est pas pertinente, alors qu'elle l'est dans la plupart des autres langues. Par contre, existent dans d'autres langues des phénomènes que les Français nomment *musicaux*. Pour le musicien, le problème se pose alors de façon tout autre : lorsqu'un musicien traite un texte français, il peut mettre une valeur longue à peu près où il veut, alors que s'il traite un texte italien ou allemand, il ne peut le faire sous peine de changer le mot qu'il fait chanter. La longueur n'est donc pas pertinente en français, mais l'intensité non plus, qui se développe non sur le mot mais sur la phrase entière, alors que dans la plupart des autres langues, elle est pertinente au niveau même du mot; d'autres langues ont même des valeurs de hauteur : la différence de hauteur entre les syllabes change le sens du mot.

Un autre problème peut être abordé, celui de la notation musicale de ce que l'on entend lorsque quelqu'un parle; c'est aussi tout le problème du récitatif en musique. On se trouve aujourd'hui devant une situation complètement changée, —

l'évolution de la musique faisant que les musiciens ont à leur disposition des échelles de valeur beaucoup plus fines que celles dont disposaient Mozart ou Rameau, et que par conséquent il serait à la rigueur possible à un musicien qui le voudrait, de noter ce que l'on entend lorsque quelqu'un parle en français.

On dit souvent, en France, qu'il vaut plutôt mieux que les œuvres musicales s'attachent à des textes pas trop intéressants par eux-mêmes. Mais c'est là une caractéristique de l'incompétence musicale des Français. Car lorsque la musique prend des textes de grande qualité, elle est capable de donner de ces textes une interprétation qui, naturellement, n'est pas unique. Les interprétations des textes de Baudelaire par Duparc, Fauré, ou Debussy, donnent à celui qui sait les lire des éclairages sur Baudelaire qu'aucun critique habituel en parole n'est capable de donner.

Il y a eu divorce entre la qualité du texte et la musique à partir du développement de l'opéra. Il a fallu fournir très rapidement des textes faits à la va-vite et c'est ce qui a amené à une dégradation progressive du texte chanté. A l'origine de la musique occidentale moderne, les textes qui nous sont transmis sont de la plus haute qualité, puisque ce sont les textes de la liturgie romaine. Or il y a sur l'ordinaire de la messe des milliers de traitements musicaux, et parmi ces milliers, des centaines qui sont d'extraordinaires chefs-d'œuvre; et chacun de ces traitements nous donne, sur le texte du *Kyrie,* par exemple, un éclairage aussi extraordinaire que n'importe quel commentaire d'un Père de l'Eglise.

L'illusion serait de s'imaginer que l'on va traduire le texte dans la musique. Il ne s'agit pas de cela, mais de commenter le texte par l'intermédiaire de la musique. Faire chanter un texte, c'est préciser la façon de le dire. Or qu'il y ait des quantités de façons différentes de le dire, c'est certain. Le texte apparaîtra alors comme l'invariant d'un grand nombre de phénomènes différents, comme le texte d'un poème apparaît comme l'invariant d'un grand nombre de commentaires critiques différents.

Je voudrais poser le problème de la transformation que le musicien opère sur le texte lorsqu'il y met des notes. Quelqu'un parle, un musicien note ce qu'il entend : c'est une espèce de sténographie du son. Mais on sait bien que le musicien ne se contente pas de faire cela; il prend ce qu'il entend et le transforme; il oblige le chanteur à allonger certaines syllabes, à en intensifier d'autres; il apporte donc au texte une transformation considérable. Que se passe-t-il dans cette transformation ?

Henri POUSSEUR

On peut distinguer plusieurs degrés. Vous avez parlé tout à l'heure du récitatif : c'est la forme de transformation la moins poussée, celle où la structure prosodique du langage est la plus respectée, la plus préservée. C'est d'ailleurs là que les différentes langues se distinguent le plus. C'est en entendant un récitatif des *Noces de Figaro* de Mozart, en italien, ou d'une *Passion* de Bach, ou d'une œuvre de Debussy, ou de Purcell, que l'on se rend bien compte de la structure musicale des langues, lorsqu'elle est ainsi amplifiée, exaltée par la musique, augmentée dans ses différences, mais respectée.

Mais lorsqu'on s'éloigne de cette forme musciale qui se veut aussi compréhensible et aussi proche que possible de l'expression habituelle, on en arrive à des contraintes musicales plus autonomes. On utilise des types de phrase musicale qui s'éloignent de plus en plus de l'articulation que l'on donnerait normalement à telle ou telle parole. Cela ne veut pas dire qu'elles n'ont pas d'autres racines linguistiques; mais elles ne sont pas directement liées à cette parole. La phrase musicale a son autonomie, une certaine suite de hauteurs, de durées plus ou moins indépendantes; le cas extrême étant la musique vocalisée, dans laquelle on prend un seul phonème, une seule voyelle, une seule syllabe d'un mot, que l'on fait chanter pendant un temps assez long sur une série de notes différentes. On est alors très loin de la pratique habituelle de la langue parlée.

On a donc là toute une série de degrés : plus on s'éloigne du récitatif, plus on se soumet à des impératifs, à des nécessités, ou à des possibilités musicales plus dégagés des impératifs du langage. Mais les formes mélodiques — même les formes strictement musicales —, la manière dont on associe les notes les unes aux autres, dont on forme les phrases musicales, ont des relations avec les phrases du langage, avec ses structures grammaticales, avec les structures d'intonation, ou avec la manière de poser la voix, de faire les respirations, de monter et de descendre, etc. Il y a là des résidus des structures du langage qui restent préservés dans les structures musicales mélodiques, même lorsqu'elles sont tout à fait indépendantes d'une origine linguistique directe. On retrouve donc alors une musique sur laquelle on va appliquer un texte, et qui a certaines relations très générales au langage, mais non directement au texte qu'elle illustre ou qu'elle porte.

Michel BUTOR

La musique a toujours été considérée en Occident, en particulier à partir de l'époque romantique, comme un au-delà du langage; elle était liée au langage, mais nous en délivrait à certains égards. C'est pourquoi on fait des mélodies, des romances sans paroles : à un moment, on a l'impression que le langage ne peut plus dire certaines choses, mais qu'en allant plus loin, dans le son pur, on peut les dire. La musique a donc toujours ce caractère libératoire par rapport aux contraintes que nous ressentons dans le langage.

On peut aussi esquisser une interprétation sociologique et économique de l'histoire de la musique occidentale. Il est certain que les formes musicales de l'époque classique de la fin du XVIIIᵉ et du début du XIXᵉ siècle, ont connu, dans leur grammaire même, des phénomènes étroitement liés à certaines structures sociales.

Henri POUSSEUR

Je ne pense pas qu'il s'agisse d'une subordination de la musique au langage parlé, mais d'un phénomène parallèle. Le langage parlé, aussi bien que la musique, expriment une appropriation de la réalité qui s'est développée tout au long de notre histoire, et tout un aspect de cette formation provient certainement de l'expérience musicale. Les formes musicales ont pu contribuer à définir certaines expériences qui ne se sont conceptualisées qu'après dans le langage. Par exemple, la notion de mélancolie n'était pas la même avant la *Sonate au Clair de lune* de Beethoven. Les poètes romantiques ont pu exprimer la mélancolie d'une certaine manière parce que des musiciens en avaient donné une certaine image, auparavant, et avaient suscité leur écriture.

La grammaire musicale classique, que nous appelons la grammaire tonale, et qui s'est développée depuis très longtemps — puisqu'on peut chercher ses racines jusque dans le monde grec, dans la définition des échelles par exemple —, mais prend son essor plus précisément au XVᵉ siècle, est un des modes d'expression les plus remarquables d'une certaine idéologie individualiste. C'est une grammaire entièrement centrée sur la perception du sujet comme centre du monde. On pourrait d'ailleurs définir exactement les articulations musicales qui permettent cela : par exemple l'apparition de la tierce parmi les consonnances, tierce qui permet d'une part la construction de l'accord parfait, lequel donne un poids tout particulier au son fondamental, lequel s'identifie à la personne qui écoute (ou plutôt c'est la personne qui écoute qui s'identifie à ce miroir), et d'autre part permet ce qu'on appelle les dissonances attractives, permet des dissonances que l'on doit résoudre, qui impliquent une articulation du temps basée sur le désir de la résolution, et donc une certaine propulsion dans le temps allant vers une certaine promesse.

Toutes ces notions appartiennent à l'idéologie occidentale. Il faut d'ailleurs noter que ce processus prend place au moment où la peinture découvre la perspective en profondeur, c'est-à-dire l'infini en face du sujet, ainsi que les miroirs, chez Van Eck par exemple, alors même que le miroir prend une très grande importance dans la vie quotidienne. La poésie devient, de même, beaucoup plus subjective, la mystique beaucoup plus individuelle, etc. Dans le même temps, surviennent certains phénomènes économiques, bien entendu. Tout cela se tient. On peut démontrer que le langage musical est directement en prise sur ce substrat. Je ne crois pas qu'il soit seulement un reflet de cet état de choses, mais il contribue certainement à sa définition.

Michel BUTOR

La grammaire de la musique classique est évidemment liée étroitement à la société de cette époque-là. La musique est liée à un certain nombre de cérémonies, à toute une pratique. Cette pratique musicale a beaucoup évolué dans les siècles. Ce que nous appelons le concert symphonique était complètement étranger aux gens du XVIᵉ ou du XVIIᵉ siècle. Le concert symphonique, tel qu'on va l'entendre aujourd'hui le dimanche, est une cérémonie très importante de notre société occidentale moderne, qui commence au XVIIIᵉ siècle, devient essentielle au XIXᵉ siècle avec un personnage très curieux : le chef d'orchestre — image du roi, image de l'empereur, image de celui qui peut changer le monde par un signe, qui peut apaiser la tempête ou la déchaîner d'un simple clin d'œil —.

Au début du XIXᵉ siècle, on voit apparaître un autre type de cérémonie : celle de la musique intime qui a comme instrument fondamental le piano, qui représente l'essence musicale de la bourgeoisie triomphante. C'est d'ailleurs pourquoi Beethoven est le grand inventeur du piano en musique; c'est pourquoi le piano est le centre de la musique du XIXe siècle. Les romanciers ont d'ailleurs très bien senti cela. Chez Zola, par exemple, dans *Pot-Bouille*, ce roman qui se déroule dans un immeuble où l'on voit différentes familles vivre, dans l'une d'elles une question est fondamentale : les parents déclarent qu'une des jeunes filles doit absolument apprendre le piano : c'est simplement quand elle aura un piano et y passera un certain nombre d'heures par jour que la famille aura atteint un certain niveau. Le fonctionnement de la gamme lui-même est lié à la société dans laquelle cette musique se produit.

Henri POUSSEUR

Le piano est lui-même l'aboutissement de tous les instruments à clavier. Or les instruments à clavier sont un exemple de technologie tout à fait particulière, qui a permis à l'individu seul de jouer de la polyphonie, alors qu'au XIIIe siècle, celle-ci est le signe d'une pluralisation de la société. Dès le XVe siècle, on commence à rassembler cette polyphonie sous les mains d'une seule personne avec l'orgue. C'est alors un passage très important de la pratique musicale.

Michel BUTOR

Nous avons parlé des cérémonies musicales. Il faut aussi parler des cérémonies littéraires, pour comprendre véritablement ce qu'est la littérature. Parmi les cérémonies littéraires, il y a naturellement le théâtre ou le récital, mais aussi la lecture chez soi. On sait bien, dans certains cas, de quel rituel peut s'accompagner cette cérémonie : on ne lit pas n'importe où, on ne lit pas à n'importe quelle heure, certaines gens ne lisent que dans tel fauteuil, éclairés de telle manière, etc. Tout un ensemble de circonstances vont se conjoindre afin que cette cérémonie soit aussi parfaite que possible. Certains textes s'adaptent plus ou moins à tel type de cérémonie. Certains textes sont faits pour le théâtre, par exemple : on peut les lire chez soi, dans un fauteuil, mais il faudra reconstituer le théâtre dans son fauteuil pour avoir une lecture complète. On peut lire Shakespeare chez soi, dans son fauteuil ou dans son lit, mais on sait bien que le fait d'avoir vu une pièce de Shakespeare donne une clé pour le mode de lecture.

Selon les textes, la relation à l'audition est donc différente. Le texte que nous lisons est toujours un langage visible, des signes sur une feuille de papier. Or la relation entre visible et audible, dans le langage, n'est pas du tout une relation constante dans la littérature. La littérature est plus ou moins sonore. Aujourd'hui, on peut faire une littérature spécialement orientée vers le son, en particulier à cause des techniques dont nous disposons, et du fait que la musique a parallèlement subi une évolution telle qu'elle est maintenant capable d'utiliser le *parlé* directement.

Une littérature va donc s'orienter le plus possible vers le sonore et notamment la littérature écrite pour la radio, parce que la radio a un avantage considérable qui est qu'elle nous transforme en aveugle. Lorsque nous écoutons la radio, il y a séparation complète entre le visible et l'audible. Vous connaissez la liaison traditionnelle entre littérature et cécité : Homère, le père mythique de la littérature occidentale, est aveugle; Milton est aveugle; Joyce devient aveugle, et on peut dire qu'il avait dès l'origine une vocation d'aveugle, qu'il avait tellement envie d'être le nouvel Homère que les dieux ont été assez bons pour lui accorder enfin cette cécité. C'est un renversement de la cécité. La radio est beaucoup plus sonore que le théâtre, parce que dans le théâtre, le geste joue un rôle essentiel. Au contraire, dans la radio, tout cela est totalement, admirablement occulté. C'est pourquoi la radio est un instrument d'analyse linguistique merveilleux et hélas ! trop peu exploité. Si l'on écrit pour la radio, on écrit avant tout pour le son. Certains textes sont écrits aussi peu que possible pour le son, mais il subsiste toujours un son très lointain.

Le langage le plus intérieur est toujours relié d'une certaine façon, par un fil, au son. Un domaine est donc particulièrement intéressant, celui dans lequel on veut donner un timbre à l'écrit. Or, dans la poésie lyrique, le timbre se confond avec celui que nous pouvons attribuer imaginairement à l'auteur lui-même, mais nous l'intériorisons complètement. En lisant les *Amours* de Ronsard, vous pensez à Ronsard, mais vous vous appropriez les amours de Ronsard sans l'intermédiaire d'un autre personnage; vous les faites vôtres; et c'est pourquoi vous n'avez pas besoin d'un timbre extérieur au vôtre. Vous lisez ce texte en vous entendant vous-même le plus intérieurement possible, comme personne d'autre ne vous entend. Mais si vous lisez une pièce de théâtre, vous mettez en scène la pièce de théâtre lue, vous pensez toujours à la médiation de l'acteur : cela devrait être joué de telle ou telle façon. Une forme littéraire est particulièrement sensible à cet égard, le roman, car dans le roman les personnages parlent.

La différence entre un grand romancier et un romancier ordinaire est que le premier nous fait entendre des personnages à qui il donne un timbre. Dans Proust, les personnages ont des voix différentes; les phrases que Proust attribue à Françoise ne peuvent être prononcées que d'une certaine façon; celles qu'il fait dire à la duchesse de Guermantes doivent être prononcées d'une façon toute différente. Le romancier a donc une relation à la sonorité particulièrement fine. Le problème du timbre peut donc être particulièrement étudié dans le roman, mais aussi dans toute œuvre poétique ayant un aspect romanesque, c'est-à-dire dans laquelle il y a des personnages qui parlent (Homère ou Le Tasse sont capables de donner des timbres différents à leurs personnages).

J'aurais aimé faire une étude linguistique d'œuvres instrumentales. Je pense en particulier aux œuvres du XVIIᵉ, du XVIIIᵉ siècle marquées par leur « nation ». Je pense évidemment aux *Suites* de Jean-Sébastien Bach, suites anglaises, suites françaises, et aux *Partitas* qui sont en quelque sorte des « suites allemandes » et évidemment aux concerts de Couperin dont les différentes parties sont groupées par nation : nation espagnole, nation italienne, etc. Or ces œuvres posent souvent des problèmes aux musicologues qui s'imaginent que ces étiquettes pourraient signifier une relation à ce qu'on appelle aujourd'hui le folklore de ces pays. Il est évident que le folklore est très loin de ces œuvres. Il y a dans d'autres œuvres classiques une relation au folklore très forte, par exemple chez Bach lui-même, le thème polonais d'un *Concerto brandebourgeois;* ou chez Beethoven, l'invasion de thèmes populaires, etc. Dans l'œuvre de Couperin, les différentes parties sont marquées par des couleurs nationales certainement très sensibles à l'époque, qui sont des couleurs de style musical. Ces styles musicaux, peut-être pourrait-on les relier lointainement à des phénomènes musicaux du langage lui-même.

Allons plus loin : lorsqu'un musicien met une vocalise sur une seule syllabe ou une seule voyelle, le texte lui-même est remodelé d'une certaine manière. Par exemple, lorsque Bach, dans les *Passions,* au moment où Saint Pierre entend le chant du coq, pleurant amèrement, met une grande lamentation sur la syllabe de « pleurer ». Il est évident qu'ici, un endroit du texte est considérablement amplifié par la musique. Tout se passe comme si ce mot était beaucoup plus éclairé que les autres, comme si une loupe nous faisait voir ce mot beaucoup plus fort. Dans certains cas, un tel traitement fait sortir du texte des éléments qu'une lecture habituelle ne permettrait pas de percevoir. Par exemple, je me souviens d'une autre cantate de Bach qui commence par le mot *Ich* — le pronom *je;* Bach détache ce pronom comme un cri, suivi d'un silence : ce *je* complètement détaché ne fait pas partie du texte du livret.

Ces exemples sont extrêmement simples et montrent comment un musicien, en mettant des notes sur un texte, donne à ce texte un sens différent. Souvent, on a l'impression que les musiciens eux-mêmes en sont restés à la conception selon laquelle la musique doit illustrer le texte sur lequel elle se dépose; comme disait Victor Hugo : défense de déposer de la musique le long de ces vers. Alors on peut s'interroger pour savoir si les illustrations musicales s'adaptent au détail ou à l'ensemble. Elles peuvent couvrir le tout. Mais quelque chose est beaucoup plus important encore : la façon dont le musicien met ses notes sur le texte, et constitue par lui-même une interprétation du texte.

Henri POUSSEUR

Un apport sémantique supplémentaire.

Michel BUTOR

On pourrait parler très longtemps de cette intervention du musicien dans le texte, de ce travail critique du musicien sur le texte, qui s'opère de toutes sortes de façons non seulement sur le plan monodique mais aussi dans la polyphonie, et dans la manière dont le musicien se donne le droit de répéter un certain nombre de parties du texte les unes après les autres, ou les unes sur les autres, ce qui introduit le texte dans un espace grammatical considérablement plus riche que son espace grammatical habituel. Il y a là une étude de la grammaire à faire, quelque chose de complètement nouveau, qui dépasse ce qu'on appelle d'habitude la grammaire quand on étudie des textes musicaux dans lesquels les paroles ont disparu, alors qu'on les sent encore toutes proches : l'exemple par excellence serait Beethoven, en particulier les quatuors.

Henri Pousseur

Chez Beethoven, on pourrait d'ailleurs trouver des exemples où une partie du texte a disparu bien qu'elle soit chantée; par exemple, dans le Credo de la *Missa Solemnis,* il est évident que Beethoven met à l'avant-plan certaines parties et en cache d'autres. La foi en l'Eglise catholique est, par exemple, considérablement occultée, alors qu'il y avait là un problème politique tout à fait précis à cette époque, à Vienne.

Prenons un cas particulier beaucoup plus récent. Les transformations à partir du langage parlé vers des formes les plus riches grâce à la musique, se réalisent aujourd'hui en particulier dans la musique électro-acoustique. Vous avez, tout à l'heure, ouvert une voie dans cette direction, en disant : les musiciens disposent aujourd'hui d'échelles beaucoup plus fines. Ce n'est peut-être pas seulement une différence quantitative mais aussi le fait que nos musiciens classiques se pliaient à un code musical, un code harmonique, harmonico-mélodique, un code de gammes, bien défini, qui s'est volatilisé de plus en plus dans la musique moderne depuis le début du siècle.

Tout un domaine exclu de la musique occidentale, celui de ce que nous appelons le bruit, de manière un peu méprisante — c'est-à-dire tout ce qui n'est pas à hauteur définie — y a été réintroduit sous forme de percussion, de musique concrète, musique électronique, etc., ce qui a donné une tout autre conscience du matériau musical et a permis d'intégrer certains phénomènes à la structure musicale elle-même de manière beaucoup plus directe. Par exemple, les paroles parlées ne doivent plus être d'abord soumises à une codification musicale, c'est-à-dire déformées en vertu de tel ou tel système musical conventionnel, mais peuvent être prises telles quelles, et par exemple enregistrées. J'enregistre une parole parlée, je la prends comme matériau musical et je vais pouvoir ensuite la déformer, la transformer, la trafiquer de toutes sortes de manières, selon les besoins de ma forme, en gardant un certain degré de compréhensibilité un peu en développant le système de la vocalise, mais dans des perspectives tout à fait différentes.

Michel Butor

Le fait qu'on puisse maintenant considérer la parole parlée comme un matériau musical, au même titre qu'une note de violon ou de piano, fait que l'écrivain, travaillant sur des paroles, va se trouver dans l'obligation de travailler sur le son de ses paroles. Si les musiciens intègrent dans leur composition des paroles dites par des acteurs, il en résulte nécessairement que lorsqu'un écrivain écrit des textes pour les confier à des acteurs, il fait à ce moment-là la même chose que le musicien. Nous nous trouvons donc devant l'inverse du problème que nous avons effleuré précédemment, devant la littérature considérée comme un aspect de la musique, et le traitement par l'écrivain de la sonorité même de ses paroles.

Ceci amène immédiatement à un autre problème : celui du raffinement de la notation pour l'écrivain. Il est très ancien. Vous savez que les manuscrits de l'antiquité n'ont pas de ponctuation, et que la ponctuation a été inventée longuement au cours du Moyen-Age, pour introduire des silences, des notations, des intonations d'un certain type; car si les signes de ponctuation ont toutes sortes de valeurs, ils ont en particulier des valeurs musicales qui ne sont pas seulement des valeurs de silence, mais aussi des valeurs mélodiques d'un type spécial. Tout le système de ponctuation est un système musical à l'intérieur de la langue.

Les problèmes de la prosodie en poésie sont des problèmes de structure musicale mise au point à l'intérieur de la parole elle-même. Voilà une influence de la musique sur la littérature d'un tout autre ordre que celle dont on parle habituellement. Ce n'est pas seulement une influence idéologique, une influence d'évocation, une influence de sentiment, mais une influence qui s'infiltre dans la technique qui pouvait au premier abord sembler la plus propre à l'écrivain.

Ces deux recherches techniques de travail sur le son, sur l'espace sonore qu'on trouve aussi bien chez les compositeurs que chez les écrivains se rencontrent dans une question fondamentale : celle du livre. Les musiciens font peut-être des livres *sur* la musique, mais ils font des *livres* de toute façon. Même ceux qui, aujourd'hui, travaillent le plus directement sur le son, ceux qui travaillent avec des bandes magnétiques, qui font de la musique concrète, électronique, sont bien obligés, à un moment ou à un autre, d'expliquer comment ils procèdent, de faire une partition plus ou moins directe; la musique nous est donc communiquée en grande partie par ces objets formés de feuilles de papier superposées les unes aux autres, avec, en général, des signes noirs sur fond blanc.

Or ces signes noirs sur fond blanc sont des signes dont une partie a été développée spécialement pour la musique, mais une partie seulement, parce qu'entre un roman et une partition de Beethoven il y a un certain nombre de parties communes. Beethoven, pour écrire ses partitions, était obligé d'employer un grand nombre de mots, représentant par exemple le nom des mouvements, et quantités de notations sont simplement des mots raccourcis, par exemple les *forte* et *fortissimo*, etc. Chacune des notes peut même être immédiatement traduite dans le mot qu'elle contracte. Les compositeurs et les écrivains se retrouvent donc devant des problèmes techniques tout à fait similaires : la façon de disposer les notations sur une page, la façon de distribuer ce que l'on entend pendant une certaine durée à l'intérieur d'un rectangle, sont des problèmes très proches.

Henri Pousseur

Le sens de la lecture de gauche à droite et de haut en bas, propre à notre écriture occidentale, est aussi celui des partitions musicales. Dans la partition musicale, nous pouvons avoir une dimension d'épaisseur simultanée beaucoup plus grande que ce qui est communément admis en littérature. Ce qui fait qu'une partition pour piano se lit sur deux portées, et qu'une seule ligne occupera donc une largeur de 5, 6 cm., mais que, dans une partition pour orchestre, une seule ligne pourra prendre toute la page. La lecture de bas en haut vous fera seulement percevoir les différentes composantes de la simultanéité, donc les différents instruments jouant en même temps.

Cette disposition classique s'est considérablement transformée dans les partitions modernes. En particulier depuis l'introduction de la notion de formes mobiles, de formes variables. La partition classique est considérée comme la représentation de l'œuvre, la lecture de cette partition étant censée représenter la musique presque autant que son exécution. Il y a eu une transformation de conception, qui fait que le texte musical, dans un grand nombre d'œuvres actuelles, est presque considéré comme une recette, en tout cas comme une forme encore relativement abstraite, générale, qui demande à être exécutée, ce qui est un apport d'actualité.

Un des aspects de cette différence entre le texte et sa réalisation est que le texte peut ne pas être rectilinéaire : le texte peut ne pas être projeté dans le temps, et être seulement composé d'un certain nombre d'éléments dont l'ordre temporel n'est pas encore défini. La page représente alors une architecture virtuelle qui peut être explorée de diverses manières; c'est alors à l'interprète qu'il appartient de donner une direction, un sens temporel — éventuellement chaque fois différent — à cette architecture.

Deux grandes tendances peuvent cohabiter chez le même compositeur, et dans le même travail : d'une part la recherche toujours plus grande de raffinement dans la description des choses, qui a pu conduire, par exemple, au dépassement de la pratique d'interprétation, à savoir de l'écriture d'un texte qui sera ensuite interprété par des instrumentistes, pour passer à la réalisation directe de la musique par le compositeur sur la bande magnétique, dans le cas des musiques concrète et électronique. En même temps, cette orientation est complétée par une orientation qu'on pourrait appeler perpendiculaire : on quitte d'une certaine façon le souhait ou l'espoir de réduire la réalité concrète à l'aide de signes purement quantitatifs, métriques, rationnels, etc., donc de pouvoir la représenter de manière exhaustive.

C'est sans doute ce qui amène à imaginer des partitions qui n'ont plus la prétention de décrire définitivement l'acte musical, mais qui sont un texte préalable à partir duquel la musique sera faite; qui ne constituent donc pas la musique finie, mais un instrument parmi d'autres de réalisation de cette musique. Dans une même œuvre, j'essaierai souvent, pour ma part, qu'il y ait des moments extrêmement précis, par exemple en utilisant une bande magnétique participant à une exécution, bande magnétique dans laquelle je donne des modèles, des impulsions définies le plus complètement possible, et d'autre part des séquences plus ou moins floues, plus ou moins élastiques, plus ou moins indéfinies qui permettront aux interprètes qui vont dialoguer avec moi de me répondre à l'intérieur d'un espace défini tout de même comme étant mon œuvre. Dans d'autres cas, on sortira même de ce cadre, avec une musique encore plus improvisée. Ceci est le cas d'une œuvre qui contient des espaces de spontanéité.

Michel BUTOR

La linéarité que l'on reconnaît au langage, ou à l'écriture, n'est pas aussi absolue qu'on le croit. Il existe évidemment une linéarité de l'écriture, et de la parole; il y a un temps qui passe; les phénomènes de la parole, comme les phénomènes musicaux, ont des vecteurs temporels. Il y a, dans la littérature occidentale, développement d'une forme romanesque qui trouve son expression limite dans une forme extrêmement populaire, le roman policier : c'est le texte qu'on lit de la première à la dernière ligne et, si possible, d'un seul coup. L'efficacité du roman policier dépend absolument de l'ordre dans lequel on lit ses parties. Si on lit d'abord le dernier chapitre d'un roman policier, on ne lira plus les autres. On a là la démonstration d'une linéarité obligatoire. Mais quantité d'autres formes littéraires ne connaissent pas cette forme de lecture. Dès qu'un roman a une certaine dimension, nous sommes obligés d'introduire à l'intérieur de notre lecture des pauses.

L'extrême opposé est d'ailleurs le livre qui, lui, est fait pour ne pas être lu d'un bout à l'autre; c'est une des formes les plus importantes du livre, et les plus fréquentes. Mais comme cette forme détruit une certaine idéologie de la littérature, elle n'est aujourd'hui encore, presque pas étudiée. Le livre qui est fait de telle sorte que l'on ne le lise pas d'un bout à l'autre, c'est le dictionnaire, et tous les ouvrages qui en ont la forme, les manuels, les guides, les catalogues, etc. Or la plus grande partie de l'imprimé est constituée d'œuvres de ce type. Certaines des plus grandes œuvres de notre littérature sont des dictionnaires : le *Dictionnaire* de Bayle, l'*Encyclopédie,* le *Dictionnaire philosophique* de Voltaire, etc.

En ce qui me concerne, j'ai étudié différents moyens de jouer avec la linéarité; en l'accentuant dans certains cas très fortement; dans d'autres cas, en introduisant des phénomènes de glissement d'une partie du texte par rapport à une autre; par exemple en organisant les pages de telle sorte que l'œil puisse être attiré dans un ordre différent par diverses parties de la page. Si on pousse l'étude physique de la lecture, on s'aperçoit que des recherches de ce genre — que je ne suis pas le seul à faire, évidemment —, manifestent des phénomènes qui se trouvent en réalité dans toute lecture.

Car cette lecture linéaire, même celle du roman policier, est aussi un idéal asymptotique, qu'on ne réalise pas véritablement dans la pratique de la lecture. En fait, notre œil ne suit jamais exactement le mouvement des lignes; il va pêcher des mots, et y est obligé en particulier lorsqu'on lit à haute voix, car pour savoir la façon dont il faut lire certains mots, il faut savoir d'abord comment la phrase s'organise. Il est donc nécessaire de faire une petite exploration un peu plus loin pour savoir s'il y a un point d'interrogation, par exemple.

VI

ENGAGEMENT POLITIQUE
ET LITTÉRATURE

●

Jean LACOUTURE   Jean DANIEL

Diffusé par France-Culture
le 21 août 1973

(97 L 329)

Jean DANIEL

Directeur de la rédaction du *Nouvel Observateur*.
Membre du Conseil Supérieur de l'Agence France-Presse.

A publié :

L'erreur (roman), Paris, 1953.
Journal d'un journaliste, Paris, 1959.
Le temps qui reste, Paris, Stock, 1973.

Jean LACOUTURE

Grand reporter au *Monde*.
Rédacteur diplomatique au *Nouvel Observateur*.
Chargé de cours à l'Institut d'Etudes Politiques de Paris.

A publié (entre autres) :

Quatre hommes et leurs peuples, Paris, Le Seuil, 1970.
Ho Chi Minh, Paris, Le Seuil, 197u.
Nasser, Paris, Le Seuil, 1971.
André Malraux, une vie dans le siècle, Paris, Le Seuil, 1973.

ENGAGEMENT POLITIQUE ET LITTÉRATURE

Jean Lacouture

Il serait de notre part plus raisonnable et modeste d'ouvrir le débat à propos du livre que nous venons chacun d'écrire (1).

Pour moi, si vous le voulez bien à travers le cas d'André Malraux, très significatif à divers titres, et notamment à celui-ci qu'il se situe à l'origine même du concept d'engagement en littérature et en politique à l'époque contemporaine. Des écrivains engagés, en fait, il y en a toujours eu, et l'histoire de la littérature française comporte un plus grand nombre d'écrivains engagés que de non-engagés. Le personnage du type de Montaigne, de Pascal, écrivains engagés, se retrouve beaucoup plus dans la littérature française que le type d'écrivain incarné par Mallarmé, par exemple. Notre littérature est très riche d'engagements vécus. Mais Malraux se situe dans une génération d'hommes de 1930 qui ont, peut-être les premiers, — avant ceux de la génération 45-50 : Sartre, Merleau-Ponty, Camus —, théorisé l'engagement et l'ont réalisé avec une plénitude assez exceptionnelle. Dans cette génération, des hommes tels que Malraux lui-même, Drieu la Rochelle, Bernanos, ont vécu intensément l'engagement politique. Certains, presque dès l'origine de leur carrière, comme Drieu, d'autres dans une deuxième phase, d'autres alors qu'ils avaient accompli une grande partie de leur mission d'écrivain, comme Bernanos. Et d'autres enfin presque dans leur vieillesse, comme une sorte de

(1) Jean Lacouture, *André Malraux, une vie dans le siècle*, Paris, Seuil, 1973.
Jean Daniel, *Le Temps qui reste*, Paris, Stock, 1973.

luxe de viellard, tel André Gide courant les meetings du Front Populaire avec ses chapeaux cabossés, ses vieilles capes, et prenant un bain de révolution comme un bain de jouvence.

C'est à peu près à cette époque, dans les années 30-40 qu'apparaît l'engagement tel que Sartre et l'équipe des *Temps Modernes* le formuleront avec le plus de vigueur, à la fois comme l'implication libre dans la situation, le sens de la responsabilité acceptée et le regard vers l'avenir, une responsabilité vue dans une perspective d'avenir, de futur assumé.

On trouve abondamment ces thèmes sous la plume des hommes des *Temps Modernes,* et parallèlement de Camus et de Mounier, à la même époque; ils étaient implicites chez les hommes de la génération de 1930-1935, ceux qui participent aux luttes préalables au Front populaire, ceux qui font la guerre d'Espagne, ceux qui entreront ensuite dans la Résistance.

Le cas de Malraux est particulièrement saisissant. On peut suivre chez lui une sorte de relation de cause à effet entre l'engagement politique et la fertilité littéraire ou poétique. Il est absolument frappant de voir à quel point ce personnage, écrivain séduisant et doué mais mineur jusque vers les années 1925-1926, aventurier de second ordre — il a volé des pierres, c'est très amusant et presque sympathique, mais c'est tout de même encore la petite monnaie de la révolte —, s'affirme dès l'instant qu'il épouse une cause politique. C'est en Indochine, dans son second voyage, lorsqu'il écrit son journal d'opposition et de rupture avec le système colonial, qu'il devient immédiatement un écrivain, dans ses éditoriaux d'un petit journal misérable.

Chez Malraux, au moment où il prend à bras le corps une situation politique, où il s'y affronte, s'y jette, un foyer grandit, qui lui donne un sens très fort et une chaleur exceptionnelle : et c'est tout de suite la publication des *Conquérants,* dont les origines sont très truquées, sur lesquels on peut gloser à l'infini, mais qui présentent au moins un personnage — de révolté plus que de révolutionnaire —, Garine, qui s'explique avec la société, est en rupture avec elle, l'affronte par des moyens que les marxistes critiquent de la façon la plus radicale, mais un homme en lutte dans une perspective d'avenir, avec un choix libre, une implication libre dans une certaine situation. C'est déjà bien le héros engagé.

Ce personnage s'enrichira ensuite avec ceux de *La Condition humaine,* avec des militants beaucoup plus sérieux, beaucoup plus rationalisés encore que ne l'était Garine, avec des hommes comme Katow et Kyo, qui représentent déjà de vrais révolutionnaires, cohérents, avec des perspectives, un plan révolutionnaire. A ce moment, Malraux est, si l'on peut dire, en plein rendement poétique. Il s'élèvera encore dans ce qu'on peut considérer comme son chef-d'œuvre, *L'Espoir*. Avec *Les Conquérants* et *La Condition Humaine*, Malraux est un latéral, sinon un cambrioleur de la révolution, dans la mesure où il s'y insère par la bande. Mais il est néanmoins habité par le démon révolutionnaire, et c'est ce démon qui est son démon poétique.

Dans *L'Espoir*, il fait mieux encore, puisqu'il y prend des risques de toutes sortes : politiques, physiques, stratégiques et autres. Cela débouche sur l'œuvre la plus riche, la plus forte, la plus aboutie, littérairement parlant.

Un problème se pose donc, très saisissant, qui est celui de la qualité poétique liée à la qualité et à la plénitude de l'action pour changer l'Histoire. C'est un cas assez exceptionnel et d'autant plus remarquable que, dans ces époques, Malraux est en relation suivie avec André Gide, un de ses interlocuteurs les plus constants, les plus fraternels. Or, pendant cette période de la guerre d'Espagne, Gide rompt avec Malraux sur le plan politique parce qu'il est allé en Union Soviétique, le résultat en ayant été ce que l'on sait.

Gide explique cette rupture avec Malraux par les différences de conceptions par rapport à l'engagement, par rapport à l'Histoire. Et Gide manifeste sa rupture avec Malraux en disant : lui est homme de l'Histoire, dans l'Histoire et pour l'Histoire; et moi, au fond je ne vaux que dans la mesure où je me dégage de l'Histoire et où je me retrouve individu solitaire et désintéressé. Désengagé...

Jean DANIEL

Cet épisode est à la fois passionnant et actuel. Contre la soumission à ce que Jean Grenier appelait l'esprit d'orthodoxie, il y a toujours — on le voit mieux encore aujourd'hui — des individus solitaires qu'on accuse de s'expulser eux-mêmes de l'Histoire. Contre l'adhésion inconditionnelle à la Révolution il y a encore des intellectuels que l'on baptise « petits-bourgeois ». Sans doute le débat se complique-t-il de nos jours du fait qu'il y a plusieurs églises et qui, toutes, prétendent détenir l'orthodoxie révolutionnaire, mais la situation du littérateur engagé-insurgé est la même. En Grèce, au Portugal, au Chili, dans maints pays du Tiers-Monde, comme dans certains pays communistes, les révolutions dites nationales rejoignent les révolutions dites culturelles pour clouer au pilori les représentants de la culture nationale. Mais revenons à Gide dont j'ai parlé dans mon livre, et à Malraux, héros du livre de Jean Lacouture.

Après que Gide eût proclamé : « S'il fallait sacrifier ma vie pour garantir le succès de l'Union Soviétique, je le ferais sans hésiter », il s'y rend et il y est reçu en héros par Staline. Il en revient cruellement déçu avec un petit livre terrible au titre inoffensif *Retour de l'U.R.S.S.* Il s'est aperçu que, selon ses termes, on ne connaît pas de peuple plus « vassalisé » que le peuple soviétique. Il le dit dans son numéro de l'hebdomadaire *Vendredi*. Deux semaines après, l'émotion a été telle que sous la pression de Paul Nizan il est invité à se prononcer sur la gauche et sur l'Espagne. On éprouvait le besoin de ne pas douter que le nouvel anti-soviétisme de Gide ne coïncidait pas avec un reniement des idéaux de la gauche. Gide confirme qu'il est à fond pour les républicains espagnols et s'indigne qu'on ait pu en douter. Il ne veut pas entendre parler d'un apolitisme dilettante qui ne serait rien d'autre que réactionnaire. A ce moment Malraux parlant de Gide et du débat qu'il provoque déclare : « C'est une histoire d'intellectuel ».

Arrêtons-nous sur cette phrase, aujourd'hui saisissante. Reniant en lui l'intellectuel, Malraux, soucieux de prendre rang parmi les « agents de l'Histoire » et les hommes d'action, reprend ici à son compte l'ancienne méfiance, la vieille accusation des révolutionnaires une fois parvenus au pouvoir. L'écrivain, le littérateur, l'artiste en général sont des hommes de sensibilité donc de caprice, des individualistes subjectifs et versatiles. Ils sont tantôt impétueux dans l'engagement, tantôt rebelles au militantisme; tantôt éblouis et subjugués de façon masochiste par la force pure et l'idéalisme intransigeant, tantôt incapables de supporter les servitudes de la discipline et les impératifs de la violence historique. On ne peut faire confiance à ces hommes. Plus tard, en 1943, Gide d'ailleurs — à propos de Jacques Chardonne et de la collaboration avec les Allemands — fera le procès le plus sévère de ce comportement d'esthète versatile et masochiste.

Déjà, tous les problèmes de l'engagement et de la littérature étaient résumés dans ces débats. Ne doit-on pas craindre que l'artiste s'exprime et s'épuise dans une œuvre : la foi ne durant que ce que dure cette œuvre. Ne lui faut-il pas ensuite un autre engagement, une autre foi, c'est-à-dire une disponibilité contraire aux adhésions militantes, aveugles et inconditionnelles ? Mais ne doit-on pas séparer ici l'artiste de l'intellectuel ? J'ai souvent posé ces questions à Albert Camus : lui, fier de son rôle, certain d'assumer ce qu'il appelait une vigilance, se revendiquait artiste au cœur même de la tourmente, à la fois solitaire et solidaire. Pour André Gide, il confiait volontiers que, par souci d'équilibre et, de temps en temps, après s'être un peu trop penché d'un côté il éprouvait le besoin de rétablir la balance en se précipitant de l'autre côté. Par besoin de pureté aussi car la politique, quelque part, le souillait. Chaque fois qu'il assistait à un meeting, il se purifiait en récitant du Ronsard. En Union Soviétique il s'était sali les mains et il en est revenu à son ambition initiale, devenir le Goethe des temps modernes, témoigner que le monde sera sauvé par quelques-uns et qu'au bout de l'individualisme militant on retrouve l'universel sacré.

Je voudrais revenir sur ces deux termes de versatilité et masochisme. Je me trouvais, il y a quelque temps, à Rome, dans un milieu d'intellectuels engagés qui comptent à mon avis parmi les plus intelligents d'Europe, ceux, italiens, du *Manifesto*. Ils observaient que notre curieux concept de « maître à penser » n'existait qu'en France. Ailleurs, il n'est pas concevable qu'un jeune homme prenne pour héros, objet de référence, caution, pour incitateur de toute une vie, un héros de roman, un philosophe, un moraliste. Les Italiens poursuivaient : une chanson comme celle de Gavroche : *c'est la faute à Voltaire, c'est la faute à Rousseau* n'est pas pensable dans un autre pays. Porter quelque chose d'aussi important qu'une révolution — en lui imputant cette force dans une chanson, genre le plus populaire, qui entre le plus dans la vie quotidienne — au crédit d'hommes de pensée ayant même occupé ou encombré leur siècle comme ceux-là l'ont fait, est particulièrement français.

En ce qui me concerne, j'ai rarement pu séparer la sensibilité à un certain ascendant du style, à une certaine vertu romanesque, à une certaine force de création d'un univers, du désir de témoigner de la volonté d'engagement. Cela peut avoir ses dangers dans la mesure où le littérateur auquel on se réfère comme guide change neuf fois sur dix, et explique rarement ses changements. Quand un grand esprit change, il ne s'en explique pas. Sartre ne s'est pratiquement jamais expliqué, et il a passé son temps à changer. Malraux est resté silencieux, nous le disions, et dans des moments absolument essentiels. Il y a peu de grands esprits qui ne se soient suffisamment aimés dans leur succession pour avoir éprouvé le besoin de se renier dans leurs alternances. Face au danger de cette versatilité, uni au danger du masochisme, on a parfois besoin d'entrer en religion. Paul Nizan disait, à l'époque à laquelle nous nous référons, s'adressant à Gide : « Il y a tout de même plus de grandeur, il faudrait le savoir, à dire oui qu'à dire non; de temps en temps, un écrivain devrait savoir dire oui ». C'est dire oui à la foi, c'est faire confiance. Mais, précisément, peut-être est-il dans la nature même de l'artiste d'être l'esprit qui toujours nie, le rebelle.

Jean LACOUTURE

Voilà déjà un élément du débat fondamental dans l'attitude d'André Gide et d'André Malraux, dans ces années 37-38-39. Il y a donc ce témoignage de Gide sur l'Union soviétique, en 1937, et le *Retour d'U.R.S.S.* en 1938. Gide est l'intellectuel qui, ayant vu certaines réalités en regard d'un certain espoir, parle pour dire qu'il a abandonné un espoir ou qu'il l'a remis en question fondamentalement, quelque soit le combat qui oppose à cette époque de l'histoire de l'Europe le fascisme à l'antifascisme, à la démocratie très largement entendue, et notamment la guerre d'Espagne qui est alors apparemment, pour les hommes de progrès en Occident, le débat le plus pressant. Bien que le stalinisme soit à ce moment l'allié objectif des démocraties et tente d'empêcher le déferlement du franquisme en Espagne, Gide ne s'y arrête pas et parle parce qu'il a envie de parler, par un certain goût de la lucidité, de la sincérité qu'il a recherchée, du masochisme peut-être.

André Malraux adopte une attitude différente. Peu de temps après, en effet, c'est le pacte germano-soviétique, le 23 août 1939. Malraux est déjà, depuis environ 18 mois, non pas en rupture, mais en éloignement par rapport au Parti Communiste, auquel il n'a jamais appartenu comme chacun sait, mais dont il a été extrêmement proche dans les années 34-37. Il parle de ce pacte à divers amis, notamment à notre ami Max Aub, en des termes extrêmement sévères, extrêmement tragiques, mais il estime que dans la situation qui prévaut alors, il n'a pas à parler. Il le dit à Aub et à quelques autres, dont Raymond Aron, quelques semaines plus tard : tant que les communistes sont en prison — du fait du gouvernement Daladier — je ne ferai rien contre eux, je ne dirai rien contre eux. Tant que le combat contre Hitler se continue, il n'est pas question de faire éclater un scandale à propos du communisme; donc, je me tais. Il y a là deux attitudes : celle de Gide, celle de Malraux. J'entends bien que les situations ne sont pas exactement les mêmes, et que le *Retour d'U.R.S.S.* ne recoupe pas exactement la situation créée par le pacte germano-soviétique. Mais il s'agit néanmoins d'un choix entre la parole et le silence dans une situation historique et politique donnée.

J'ai essayé tout à l'heure de lier la naissance de la fertilité littéraire et poétique de Malraux à la montée de son engagement, et je pourrais faire une description parallèle de la relative infertilité, de la sécheresse d'André Malraux liée à son désengagement. Au lendemain de la guerre, il étale carrément sa rupture avec les communistes et leurs compagnons de route, qui date de longtemps (d'août 1939), et s'est aggravée pendant la période de la Résistance. A partir de ce moment-là, à partir du moment où Malraux s'écarte du thème révolutionnaire — j'emploie à dessein le mot « thème » —, de la volonté révolutionnaire, du compagnonnage avec la révolution, sa capacité créatrice s'effiloche et s'effondre progressivement.

Vous me direz que Malraux connaît bientôt un autre engagement au sein du R.P.F., avec le gaullisme deuxième manière. Nous allons peut-être retrouver là la pensée de Nizan, qu'il est plus beau de dire oui que de dire non. Car qu'est le R.P.F. ? C'est purement et simplement un non, le « non » de l'anti-communisme; c'est un refus qui ne peut pas être défini simplement par la bassesse, car il y a aussi une vertu à refuser, une vertu à dire non au stalinisme, en l'occurence, mais il y a tout de même une moins grande fertilité à refuser quelque chose, qu'à tenter de le faire triompher. Naturellement, il y a des situations plus ou moins positives, plus ou moins riches. Mais le thème du refus politique à travers une certaine idéologie, refus d'une certaine politique, d'une certaine stratégie internationale s'affirme beaucoup moins fructueux pour le créateur, pour l'écrivain en l'occurence, que l'engagement révolutionnaire positif. Le négatif est ici moins riche en virtualités poétiques que le positif.

Pour passer à une idée voisine, on peut prendre l'exemple d'Aragon. Le cas d'Aragon me remet en mémoire un très beau discours que j'ai entendu dans une conférence des pays du tiers-monde, à Belgrade en septembre 1961, d'un des dirigeants africains les plus prestigieux de l'époque, tombé depuis dans je ne sais quelle trappe : Modibo Keita.

La conférence avait été présentée comme la conférence des « non-engagés ». Et Modibo Keita a soutenu ce point de vue que cette appellation était fausse, car ces pays, en fait, étaient engagés dans des combats révolutionnaires et pour beaucoup d'entre eux, aux côtés de mouvements plus militants que les leurs. L'expression de « non-engagés » pouvait donc prendre la signification d'une attitude désarmée et d'abandon, ou de neutralité qui n'avait pas là sa place. Il proposait « non-alignés », ce qui devait impliquer l'idée de l'indépendance dans l'engagement. On peut dire, à l'égard de grands intellectuels, d'artistes aussi considérables qu'Aragon, que la distinction entre le thème de l'engagé et de l'aligné aurait été peut-être salutaire; que profondément engagé et non-aligné, Aragon aurait été non seulement plus grand et digne de notre admiration, mais probablement plus efficace et plus utile à son propre parti.

Revenons à Malraux. On aboutit alors à un phénomène qui n'est pas seulement d'histoire littéraire, mais aussi d'histoire politico-littéraire, celui du silence de Malraux, personnage qui reste évidemment doué de grandes qualités littéraires qu'il montre dans tel ou tel fragment de ses essais sur l'art ou des *Antimémoires,* mais qui n'est plus capable de produire une grande œuvre originale proprement créative, proprement surgie du néant. Il ne peut plus faire quelque chose de rien, à partir du moment où il est à contre-courant de cette histoire, où il épouse par un biais d'autres courants de l'histoire.

Il n'y a pas là une « théorie » — je serais bien incapable d'en formuler une — . Je fais de simples constatations, et découvre une force créative ascensionnelle de Malraux dans la lutte révolutionnaire, et une descente non aux enfers, mais dans un certain purgatoire, liée à sa déprise de l'action révolutionnaire et à son échouage soit dans des activités contre-révolutionnaires, soit dans des fonctions ministérielles qui sont d'un tout autre niveau que ses engagements à la fin des années 30.

Ala fin du livre de Jean Daniel est publiée une interview de Jean-Paul Sartre, auprès d'un entretien avec André Malraux et d'un texte d'Albert Camus. La conversation avec Jean-Paul Sartre, de janvier 1958, porte sur le silence, le témoignage de l'intellectuel révolutionnaire, à propos de la guerre d'Algérie. Il s'était produit, peu de temps auparavant, un drame atroce en Algérie, le massacre d'un village entier, celui de Melouza par des combattants du FLN, qui avaient fait un exemple dans un village ayant donné des renseignements aux Français. Ce massacre avait fait scandale, et il s'était trouvé dans la presse de gauche un certain nombre de gens — dont Jean Daniel — pour porter un sévère jugement moral sur Melouza.

Dans cette conversation, Sartre fait grief à Jean Daniel, à ce moment-là collaborateur du premier *Express,* d'avoir parlé ainsi de cette affaire, de l'avoir dévoilée. On pouvait considérer que sur le plan moral, celui de la conscience collective, il avait affaibli la cause algérienne en décrivant un crime du FLN, dont il était l'allié objectif. Sartre lui reproche l'expression de la vérité. Ce que je reprocherais pour ma part à Jean Daniel, ce n'est pas d'avoir reproduit ce propos de Sartre, (Sartre l'a tenu très souvent et ainsi), mais d'avoir présenté un Sartre sur la défensive, car Dieu sait qu'en ces matières Sartre a pu être offensif et que dans la préface des *Damnés de la terre* (1) par exemple, et dans beaucoup d'autres textes, il a complètement assumé le droit au mensonge, au silence, à la non-vérité ou à la non-expression en politique : si cette expression risque d'être contre-révolutionnaire, il faut l'abolir. Il aurait mieux valu choisir un texte plus fort de Sartre sur un sujet qui me paraît tout à fait au centre du débat, celui, dans l'engagement politique, de la parole ou du silence. L'intellectuel a-t-il droit au silence ?

Jean DANIEL

Il m'est impossible d'être d'accord avec Jean Lacouture sur la qualité qu'il attribue au texte de la préface de Sartre au livre de Franz Fanon, ni sur la médiocrité qu'il croit devoir attribuer au texte de Sartre que j'ai publié. La préface aux *Damnés de la Terre* est torrentielle, impétueuse, bondissante d'images et d'épithètes, sans aucun doute admirablement écrite. Le talent de Sartre s'y épanouit à merveille mais, selon moi, avec autant de force dialectique et esthétique que d'insuffisance philosophique et politique. Dans cette rage nihiliste rien n'est vraiment révolutionnaire. Dans cet éloge furieux de la fureur révoltée rien n'est politique. C'est un chant à la louange de la purification et du salut par la violence individuelle qui rappelle les possédés, la sorcellerie, les mystiques de certaines sectes, les cris des anarchistes, mais non la révolution.

Quant au sobre entretien que je relate, s'il est sur la défensive c'est parce qu'à ce moment Sartre vit avec pathétique un problème précis. Il est triste d'avoir de mauvais rapports avec les maquisards algériens, il est dérouté par certains aspects de la révolution, il est comme nous et il se pose les mêmes questions. Il m'a davantage touché ce jour-là que le jour où j'ai lu cette préface à Franz Fanon, où le penseur s'immole au profit d'un littérateur incendiaire enchaîné par les seules flammes de son

(1) Franz FANON, *Les Damnés de la Terre*, Paris, Maspéro, 1961.

délire éloquent : rarement le lyrisme a été à ce point mécanisé par les mots.

Et puis, d'autre part, pour le choix des trois entretiens, il y avait une autre raison. Je voulais avoir un thème qui ne fut pas un thème d'ancien combattant, lié à la guerre d'Algérie, mais qui, ancré dans cette guerre, fût un thème actuel, celui de la violence, celui de la fin et des moyens, celui du témoignage, au fond, le débat du siècle. Je voulais montrer que trois des esprits — Malraux, Sartre, Camus — qui avaient influencé la jeunesse à une certaine époque, avaient réagi, chacun à sa manière, devant la violence et le terrorisme. Cet entretien avait, au surplus, l'intérêt d'être inédit, puisque je l'avais conservé par devers moi.

Jean LACOUTURE

Pourquoi était-il inédit ?

Jean DANIEL

Par respect d'une promesse. Je vais m'en expliquer. Toute la question, au fond, est de savoir comment on peut distinguer la violence dite progressiste de la violence dite rétrograde, comment on peut distinguer, en termes plus modernes, la violence de la contre-violence. A partir de quel moment un certain échange de violences ne ressemble-t-il pas à un combat de nègres dans un tunnel, et ne risque-t-il pas de susciter des cadavres entre lesquels il sera de plus en plus difficile de choisir ce qu'il convient de pleurer décemment selon l'histoire, et ce qu'il convient de rejeter dans l'oubli ? C'est un peu comme si l'on demandait à Lacouture, engagé dans le camp vietnamien, ce qu'il ferait s'il avait tout d'un coup la preuve que nos amis vietnamiens se rendent coupables à l'heure actuelle de tortures à l'encontre de prisonniers quelconques, fussent-ils américains ou sud-vietnamiens.

Parler de contre-violence, c'est lui supposer préalablement une violence non seulement dans la classe dominante mais dans l'Histoire : l'Histoire n'avance que sur des charniers, au prix d'aliénations et d'oppressions. La mentalité bourgeoise est désormais elle-même tellement imprégnée de cette idée qu'on peut dire que ce n'est pas seulement l'idéologie de la classe dominante qui règne, mais plutôt et par imprégnation ces aspects de la théorie marxiste. Après cette analyse sociale, après ce constat historico-sociologique de la violence comme tissu et comme trame de l'Histoire, on en arrive à assumer une violence qui entraîne une stratégie, et une morale.

D'abord la stratégie. Elle dépend de la justesse des analyses. On vient de publier un livre passionnant de lettres inédites de Bakounine (1). Bakounine écrit au grand nihiliste russe Netchaiev — une sorte de Raspoutine truculent qui se levait tous les matins en se demandant : que va-t-on faire aujourd'hui pour désespérer les masses ? — : « Vous m'avez encore trompé. Nous avons perdu 10 hommes dans le dernier coup de main parce que vous m'aviez dit que l'armée était prête de se diviser, que la police était avec nous, que les pauvres étaient prêts pour la révolte, que le tissu social de la violence était par nous si récupéré qu'on pouvait le retourner contre l'ordre régnant; nous avons encore failli par faute d'analyse », car la stratégie, même pour les anarchistes, doit être la plus exacte et la plus lucide possible.

Pour la morale : il est un moment où le prix de la violence, de la contre-violence assumée, pose le problème de la stratégie. Les erreurs stratégiques mettent en question la globalité des objectifs, c'est-à-dire : quel prix va-t-on payer, dans un laps de temps donné, pour atteindre un projet donné ? A ce moment, on s'aperçoit que, surtout dans notre période moderne, la tactique est inséparable du caractère éminemment moral du guévarisme, du maoïsme, et de l'introduction même de la morale à l'intérieur de l'analyse marxiste. Qu'est en ce moment l'événement gauchiste moderne sinon l'union de la morale et de l'économie ? La réintroduction de la morale dans la révolution n'est ni bourgeoise, ni extérieure, mais au contraire immanente au phénomène révolutionnaire.

Mais revenons à Sartre. Quand je discute à ce moment-là chez Sartre sur ce thème, le cas est grave. Mon admiration va à l'auteur de *L'Etre et le Néant* et surtout à l'auteur du *Fantôme de Staline*, qui a eu à arbitrer une immense querelle, d'abord avec Camus, ensuite avec Merleau-Ponty. Surtout avec Merleau-Ponty, car celui-ci publie à l'époque un livre qu'il est extrêmement édifiant de relire aujourd'hui, *Humanisme et Terreur*, tentative de justification d'une certaine violence. Merleau-Ponty dresse un parallèle, pour l'époque, extrêmement audacieux : il n'y a pas de différence ni dans les méthodes, ni dans le comportement entre le bolchevisme et le fascisme. Et il en fait

(1) M. CONFINO, *Violence dans la violence*, Le débat Bakounine - Netchaiev, Paris, Maspero, 1973.

une description presque complaisante. La conclusion est tellement normalienne, tellement khagneuse, tellement brillante
qu'elle ressemble un peu à la démonstration de l'existence ou de
l'inexistence de Dieu.

On en arrive donc au morceau de bravoure, au 14e vers du
sonnet, qui est : tout est dans le projet; un être opprimé peut se
hisser, si j'ose dire, au même degré d'horreur que l'oppresseur,
mais lui a, pour le justifier, son projet. Il n'y a donc de vrai
procès, selon Merleau-Ponty, que d'intention. Grand problème
qui, à l'époque, et aujourd'hui par ricochet, pose celui de la fin
et des moyens. Si l'on ne peut juger que sur les intentions, ne
manque-t-on pas de voir que les méthodes, les moyens pour
réaliser une intention, pour réaliser les hommes en projet, n'inflé-
chissent, ne corrigent, et, finalement, ne déterminent pas la fin ?
Le projet n'est-il nullement entamé par les méthodes qu'on
emploie pour le faire aboutir ?

Quand je vais voir Sartre, sur sa demande, parce qu'il veut
me faire part de ses réactions négatives sur la façon dont je
conçois le témoignage, malgré ma sympathie active avec les
combattants algériens du FLN; nous savons qu'entre temps
Merleau-Ponty a changé de bord et d'analyse. Cela n'est pas
d'une mince importance si l'on se souvient que dans les années 50,
cet ouvrage fut décisif pour tous les intellectuels, et que si vous
vous attardez à des lectures sur cette époque, Merleau-Ponty
y est souvent plus présent et presque plus déterminant que
Sartre. L'homme qui avait théorisé la violence progressive
s'apercevait que depuis les violences staliniennes, on ne pouvait
plus dire ce qui justifiait le silence : « Il ne faut pas désespérer
Billancourt ! » Ce qui signifie que l'ouvrier de chez Renault ne
peut pas avoir les mêmes luxes et les mêmes caprices que
l'intellectuel qui juge le stalinisme comme Gide; et qu'on ne
peut pas risquer de le plonger dans le désespoir en lui ôtant
l'utopie stalinienne. A ce moment arrive le rapport Krouchtchev,
et voici pulvérisée toute la doctrine qui a pris pour fondement
Humanisme et Terreur; on se prend à reparler dans des termes
néo-trotskistes, puisque c'est l'étude d'un de ses livres, *De la
fin et des moyens.* On se demande alors si, même dans un camp
d'opprimés, ceux qui prennent en charge le destin d'une révolution peuvent être à la hauteur de leur charge. Ce qui est sacré
dans la cause d'un peuple, c'est le peuple lui-même, et non pas
les caprices de ses dirigeants, fussent-ils consacrés révolutionnaires.

Alors il faut décider que ce à quoi je m'engage, du point de vue de l'exigence de l'intellectuel et de l'engagement du militant : c'est à considérer l'éternité de la cause populaire; mais je m'arroge le droit, en tant que témoin, et du fait de l'Histoire, de penser et de témoigner sur ses dirigeants, sur la façon dont cette cause est incarnée, car il s'agit d'hommes qui ont pris leurs distances, à partir du moment où ces hommes considèrent qu'ils ont reçu par la Providence, l'Histoire, le Hasard, ou n'importe quoi, la charge de traduire les aspirations populaires. Prenons l'exemple d'une manifestation à Paris avec quelqu'un qui, spontanément, se découvre un leader : il y a la cause de ces manifestants, la cause du leader, la cause de l'entraîneur.

Il faut séparer avec beaucoup de netteté le témoignage sur la responsabilité de ceux qui s'improvisent leaders, du jugement sur la cause qui, elle, peut être trahie par les leaders eux-mêmes. Le devoir, à ce moment, et toujours, du témoin tel que je le conçois, est alors de dire la vérité dès qu'il la sait. Nous avons trop connu de déceptions meurtrières qui se retournaient contre les causes que nous voulions défendre.

Jean LACOUTURE

Je voudrais revenir sur le passage qui, dans le livre de Jean Daniel, précède cet entretien avec Sartre.

La conversation entre Jean Daniel et André Malraux est essentiellement centrée sur le terrorisme en 58. Interrogé sur le terrorisme pratiqué à cette époque par le FLN, Malraux répond : *le terrorisme, c'est l'espoir,* formule un peu concentrée qui signifie apparemment que le terrorisme se justifie par l'espoir. Le terrorisme n'est recevable, justifiable, non moralement mais politiquement, que si l'espoir est inscrit à l'intérieur de l'action terroriste. C'est une dimension très intéressante qui complète celle du Merleau-Ponty de l'immédiat après-guerre, celui d'*Humanisme et Terreur,* selon lequel c'est, grosso modo, le projet qui qualifie l'acte. Ici, c'est la terreur « humanisée » par un certain type de projet, de libération des masses, libération des peuples, etc. Mais on pourrait y ajouter — si on suivait Malraux, mais on n'est pas forcé de le faire —, la qualité du projet et aussi la dimension d'espoir liée à cet acte. Il serait assez intéressant, et cela nous mènerait à des situations très actuelles, soit à la situation vietnamienne, soit à la situation palestinienne, de voir dans quelle mesure le projet, en l'occurence, et l'espoir contenus dans cet acte justifient telle ou telle des opérations conduites.

Pour ma part, je ne pense pas que le terrorisme soit le meilleur choix que puissent faire les révolutionnaires. Je pense simplement qu'il est encore possible et justifié dans la mesure où l'espoir le conduit. Mais, naturellement, l'espoir s'exprime mieux à travers une organisation de masse, des actions de masse, des actions collectives : mais s'il n'y a pas autre chose, et s'il reste quand même un espoir, le terrorisme est encore une arme possible, celle des derniers recours. D'ailleurs, je ne sais pas beaucoup de révolutions qui, à aucun moment, n'aient utilisé le terrorisme. Il n'y a pratiquement aucune grande cause de l'Histoire où, à quelque moment que ce soit, l'assassinat politique ou le terrorisme n'aient pas été utilisés, que les dirigeants officiels l'aient accepté ou non.

Jean DANIEL

Quand Malraux dit : *le terrorisme c'est l'espoir,* il faut préciser une chose. Malraux n'a commencé, pendant la Résistance, à entrer en action — et il le dit — que quand on annonce l'arrivée des Américains. Là, cela devient sérieux, cela entre dans un projet, dans une organisation, et le terrorisme se définit à ce moment par l'initiative des maquisards, certes, mais de maquisards coordonnés avec des armées centralisées. Quand il dit : le terrorisme c'est l'espoir, il veut dire : méfiez-vous, il y a quelquefois des desperados — et il cite tous les grands classiques du marxisme et du léninisme —, des gens qui font de l'anarchisme, c'est-à-dire de l'action individuelle sans coordination. Ce ne sont pas des agents de l'Histoire : ils n'agissent que pour eux — sans espoir —. Pour que les terroristes deviennent des résistants, il faut l'espoir. Le terrorisme sans l'espoir, c'est le fait divers.

Jean LACOUTURE

Quant à ce qui est dit de l'impératif absolu de la vérité, je puis dire sur la question vietnamienne que j'ai suivie de longues années et que je continue à suivre, je ne peux pas me présenter tout à fait blanc au tribunal de la vérité absolue et constante. Partant d'une idée de projet et d'espoir, j'ai pensé que les actes des révolutionnaires vietnamiens, dans leur ensemble, se qualifiaient et se projetaient sur l'avenir, et contenaient une dimension d'espoir telle que je n'avais pas à exprimer sur ce que faisaient les vietnamiens, tout ce que je pouvais savoir.

Ce disant, je peux m'attirer de très vives critiques, des plus fondamentales. On peut dire que celui-là ne fait pas son métier qui, sachant quelque chose, ne le dit pas, mais certains cas posent d'autres problèmes. Vous avez évoqué les tortures. Vis-à-vis de celles que certains Américains ont dénoncées récemment à l'égard des prisonniers libérés par le Nord-Viêt-Nam, on n'avait alors aucune preuve, et je pense que notre silence n'a pas été particulièrement pervers ni particulièrement truqué. Mais il est de fait que pendant la guerre nous avons eu connaissance de certaines choses, par exemple de violences exercées à Hué pendant l'offensive du Têt. Nous avons été plus brefs sur les charniers de Hué que Daniel ne l'avait été en 1958 vis-à-vis de l'Algérie. Sur des informations que nous pouvons recueillir sur tel ou tel conflit intérieur de la direction, soit du F.N.L., soit de la République Démocratique du Viêt-Nam, en temps de guerre — et je pense que cela a été le cas pour Jean Daniel pendant la guerre d'Algérie vis-à-vis des conflits internes au F.L.N., nous n'avons pas exprimé tout ce que savions. Dans cette période, les vietnamiens représentaient à tel point une cause forte et saine par rapport aux Américains, que donner le moindre des atouts à la C.I.A., aux services de répression américains n'assumait pas notre responsabilité. Nous assumions une responsabilité professionnelle, en un sens, mais la responsabilité politique, et de fraternité à beaucoup d'égards, que nous estimions avoir avec les combattants vietnamiens aurait été trahie par certaines révélations.

Je prendrai deux autres exemples. L'attitude du pouvoir soviétique à l'égard de quelques-uns des citoyens soviétiques les plus éminents et qui font le plus honneur à l'Union Soviétique, incarcérés, soignés de façon assez particulière, ou expulsés, est de nature assez contraire à l'esprit révolutionnaire pour que l'on ne craigne pas de s'exprimer à ce sujet. Pour la révolution culturelle chinoise, je fais avec ma naïveté et la rapidité de mes connaissances, une distinction sacrilège entre les dimensions d'espoir que véhiculent (actuellement) la révolution chinoise et la révolution soviétique, pour me trouver amené à privilégier la révolution chinoise. La révolution chinoise a encore largement le droit à l'expérience, le droit à l'erreur, aux erreurs. Aujourd'hui, une retenue s'impose, compte tenu de la phase ascensionnelle et expérimentale que connaît encore la révolution chinoise, compte tenu des deux guerres qu'elle a eu à soutenir, ou auxquelles elle a été amenée à participer plus ou moins directement, et compte tenu de la date de l'avènement du pouvoir communiste.

Une certaine retenue s'impose donc, mais pour moi, cette

retenue est faible parce que ce que j'aurais à retrancher de l'approbation bégayante que je donne à la révolution chinoise est mineur par rapport au tribut d'approbation que je me sens disposé à lui payer.

Jean DANIEL

L'important est de définir le moment où l'on croit que le projet est mis en question. Je suis d'accord avec ce que Lacouture dit à propos des silences. J'ai maintes fois observé un silence de militant tant que j'ai pensé que le projet lui-même n'était pas mis en question. Par exemple, je n'aurais pas songé à protester contre les bombardements de Dresde pendant la dernière guerre mondiale. Il est des situations manichéennes. Le mal était si évidemment le nazisme qu'il ne me semble pas que le problème de la fin et des moyens se posait alors.

L'impératif de la vérité me semble donc devoir être nuancé par la pratique que j'en ai moi-même faite. Il y a eu d'autres faits un peu moins importants que celui de Mélouza et sur lequels j'ai gardé le silence. Alors, pourquoi Mélouza ? Parce qu'à Mélouza, c'est toute la direction qui me semble s'affoler, c'est une sorte de vertige historique qui me semble s'emparer du FLN, parce que cela a été précédé par un certain affaissement, parce que pendant la bataille d'Alger, à mon avis, ce sont moins les paras de Massu qui ont vaincu qu'un certain terrorisme dont les intéressés, les musulmans, et quelquefois même les membres du FLN avaient peur, tellement il devenait dispersé, anarchiste, aveugle. A ce moment, c'est donc la révolution algérienne en projet qui m'a semblé inquiétée et, d'ailleurs, l'avenir nous le confirme quelque peu. On l'apprendra beaucoup plus tard, bien sûr, mais on sait que les débats ont été posés entre les gens du Front à ce moment, pour savoir comment ils avaient perdu cette bataille d'Alger et pourquoi Mélouza avait été perpétré. Fallait-il, alors, sortir du silence ? Je crois que c'était notre devoir, et que la vérité s'imposait comme un impératif parce qu'il y avait le projet à sauvegarder.

Ce n'est donc pas le merleau-pontysme que je remets ici en question, bien que je le fasse plus généralement, mais ici je l'adopte avec Jean Lacouture, pour dire que c'est le projet lui-même qui importe. Cependant, il y a des moyens qui, par leur nature, sont toujours et partout condamnables. Je veux parler, bien sûr, de la torture.

Quant aux vietnamiens, je considère, et je tiens à le dire, que le projet vietnamien ne me paraît pas du tout en question, et qu'entre ce projet et l'entreprise de génocide des Etats-Unis, il existe en effet des devoirs de mesure, de dosage de silence. A partir du moment où nous aurions une inquiétude sur le devenir vietnamien, sur le prix des sacrifices, sur le fait qu'après vingt ans de guerre on s'oriente vers une société qui ne soit pas libérée ou qui soit moins libératrice, à ce moment-là, je ne vois pas ce qui pourrait encore nous bâillonner et à quel prix, et au nom de quoi ?...

A partir du moment où l'on a décidé de témoigner sur un mouvement révolutionnaire, on s'en octroie en effet toutes les servitudes et tous les privilèges, peut-être parfois dans toute la subjectivité capricieuse du témoin. Mais quel autre critère prendre ? Pour ma part, je suis un admirateur de la révolution cubaine et du castrisme. Mais la question s'est posée après la révolution de savoir si, au nom de l'engagement aux côtés du castrisme, il fallait approuver toutes les méthodes et passer sous silence certaines d'entre elles, qui étaient les moins castristes. Si l'on nous refuse le caprice du jugement, du moins peut-on nous accorder de prendre pour critères les objectifs des révolutionnaires eux-mêmes !

La question que nous posons est donc de savoir dans quelle mesure, en présence d'un projet de construction d'un Etat, dans les conditions où une minorité de leaders en symbiose avec une fraction importante de la population essaie de faire aboutir un tel projet, dans quelle mesure il faut s'intéresser à l'accessoire et à l'essentiel. Ce débat entre l'accessoire et l'essentiel n'est pas du tout la recherche d'une absence de tension, une volonté de rendre l'utopie plus grande, ni l'illusion plus dangereuse. Mais elle suppose au moins la volonté de laisser se réaliser dans le temps la part de construction nécessaire à la survie d'un peuple. Pour ma part, à partir du moment où un embryon d'Etat est réalisé, où une paix est possible, où un peuple a réussi à survivre, je pense en effet qu'il n'y a pas une seule excuse pour taire une vérité si cruelle soit-elle.

Jean LACOUTURE

Dans les exemples que nous avons choisis, ceux auxquels nous ont confrontés constamment nos carrières, les informations que nous pouvions donner avaient très peu de chance d'atteindre telle ou telle fraction du parti en question qui aurait pu contribuer à une contradiction interne, créatrice et positive. En l'occurence, nous étions des étrangers traitant d'un problème étranger, et répandant des informations essentiellement récupérées et utilisées par des étrangers. Autrement dit, nous contribuions beaucoup moins à la contradiction interne du mouvement qu'à enrichir, encourager, et renforcer les forces de répression.

Jean DANIEL

Il en est de la conception de la vérité à dire ou à ne pas dire comme de la conception de la liberté. Il faut d'abord la définir. Je voudrais vous remettre en mémoire l'anecdote que Sartre raconte quelque part, lors d'un voyage aux Etats-Unis, à propos d'une piscine. Dans un club de luxe, aux Etats-Unis, il y a une piscine somptueuse, Un capitaine juif, héros de la guerre, essaie d'y entrer, mais on lui oppose que l'accès à cette piscine est refusé aux Juifs. Le capitaine écrit alors au plus grand journal de Californie, le *Los Angeles Time,* et sa lettre de protestation est publiée en première page, suivie de ce commentaire : admirable pays où le propriétaire était libre de refuser l'accès de sa piscine au capitaine juif, le capitaine juif libre de publier ce fait; c'est le pays de la liberté !

C'est à peu près ainsi qu'il faut doser nos conceptions de la vérité parce qu'il y a un moment où, comme le dit Brice Parrain dans un bel envol, les mots sont des pistolets chargés qu'il nous faut savoir où diriger, où braquer.

Jean LACOUTURE

Pour en revenir à la question de l'objectivité et de l'information, je voudrais réaffirmer une évidence, qui est que l'objectivité réelle n'existe pas. Pour peu qu'on ait pratiqué le métier qui consiste à recueillir des informations et à les diffuser, on sait qu'à ces deux moments de l'opération journalistique tout ce qui s'accomplit l'est sous le signe du choix, parfois même forcé, au moment du recueil de l'information, car on est bien souvent Fabrice à Waterloo. L'événement est toujours plus grand que celui auquel on a été, par ses yeux et son corps même, mêlé. Mais objectifs, nous ne le sommes pas vraiment, et surtout au moment de la diffusion de la nouvelle. A tous les niveaux, nous devons convenir que l'objectivité est purement mythique. On peut en adopter le ton; c'est le cas du journal *Le Monde* qui s'est donné le ton de l'objectivité dans beaucoup de problèmes (pas dans tous). Mais cette objectivité du *Monde,* auquel j'appartiens et dont je suis solidaire, profondément, quoi que je puisse en dire, est à peu près aussi fallacieuse que celle de la plupart des autres journaux.

L'habit ne faisant pas le moine, *Le Monde* n'est pas un moine, pas celui de la religion de l'objectivité. Mais un faisceau d'inobjectivités peut peut-être créer à la limite une sorte d'objectivité suprême. Notre vie sociale est pleine, elle aussi, de semi-vérités : ni votre concierge, ni votre boucher ne vous disent exactement la vérité, ni sur la marche de l'ascenseur, ni sur le prix de la viande. On peut considérer que les journaux, étant produits par des individus, ne peuvent que se conduire dans un univers de mensonges comparable à celui dans lequel nous vivons.

Jean DANIEL

Il faut aussi s'entendre sur l'objectivité impossible. La caricature en est le mot assez savoureux de Jean-Luc Godard, parlant d'une quotidien bien connu : s'il était publié pendant la guerre, il donnerait une Tribune Libre à Hitler, une Tribune Libre à Eisenhower et dirait : jugez vous-même.

Albert Thibaudet disait : il n'y a qu'une objectivité possible en littérature, la subjectivité désintéressée. On ne peut pas changer notre regard, mais on peut au moins veiller à ne pas regarder les mêmes choses. Sans doute, quand nous parlons d'engagement, nous ne parlons pas de subjectivité, nous parlons, au fond, d'option préalable au reportage, au regard. Nous avons choisi un camp : il ne s'agit pas du caprice de la subjectivité, ni de la versatilité, du désordre. Il reste que notre témoignage n'a aucune valeur si nos regards ne sont pas multiples.

VII

LANGAGES PUISSANCE n
ET TOTALITARISME

●

Jean Pierre FAYE   Jacques ROUBAUD

Diffusé par France-Culture
le 14 mai 1973

(97 L 365)

Les interventions du public ont ici, pour la plupart d'entre elles, été conservées dans la forme initiale.

Jean Pierre FAYE

Co-fondateur du *Collectif Change*.

Co-fondateur du Centre d'analyse et de Sociologie des langages (C.A.S.L., ou « Château » des langues).

A publié (entre autres) :

L'écluse, Paris, Le Seuil, 1964.

Couleurs pliées, Paris, Gallimard, 1965.

Théorie du récit, Paris, Hermann, 1972.

Langages totalitaires, Paris, Hermann, 1972.

Luttes de classes à Dunkerque : les morts, les mots, les appareils d'Etat, Paris, Editions Galilée, 1973.

Migrations du récit sur le peuple juif, Paris, Editions Belfond, 1974.

Hypothèses (avec Jacques Roubaud), *Change*, Seghers, Laffont, 1972.

Hexagramme, *Change*, Seghers, Laffont, 1972.

La critique du langage et son économie, Paris, Editions Galilée, 1973.

Jacques ROUBAUD

Professeur de mathématiques à l'Université de Paris X-Nanterre. Co-fondateur du *Collectif Change*.

Co-fondateur du Centre d'analyse et de Sociologie des langages (C.A.S.L.).

A publié :

∈, Paris, Gallimard, 1967.

Mono no aware, Paris, Gallimard, 1970.

Renga (en coll.), Paris, Gallimard, 1971.

Trente et un au cube, Paris, Gallimard, 1973.

LANGAGES PUISSANCE *n* ET TOTALITARISME

Jean Pierre FAYE

Nous avons choisi, ou nous avons accepté, comme objectif et comme enjeu, le thème du pouvoir du langage dans sa liaison avec le pouvoir même.

Donc le « pouvoir du langage » ou la « puissance du langage », ou encore « les puissances du langage », ou même « l'élévation de puissance »; c'est-à-dire le pouvoir d'automultiplication, d'exponentiation, du langage par lui-même.

Voilà notre question commune.

Il est certain que l'objectif est le rapport entre *ça* qui a pouvoir de parler, qui a pouvoir de « langager » — et puis le pouvoir lui-même, le pouvoir dans la société, et en particulier le pouvoir d'Etat, la *Staatsmacht,* comme l'appelait « le bonhomme Hegel » — dont Lénine faisait la relecture dans les bibliothèques suisses au cours de la première guerre mondiale — ce bonhomme qui écrit que « l'aliénation » dans le pouvoir d'Etat « *arrive dans le langage* ».

Le procès à explorer, c'est donc celui qui œuvre dans les puissances du langage.

Mais nous allons essayer de faire un détour, une « divagation », un passage par un chemin de traverse.

Ce chemin de traverse, il m'est venu à l'esprit en pensant au titre du livre de Jacques Roubaud : *Trente et un au cube* (1). Voilà un livre qui a la puissance trois...

(1) Jacques ROUBAUD, « Trente et un au cube », Paris, Gallimard, 1973.

Apparemment, on est fort loin de la question Hegel. On est très loin du pouvoir d'Etat. On est dans le langage poétique; on est dans la quête d'une *prosodie,* d'une fonction du langage qui lui est apparemment surajoutée, mais qui, en fait, appartient de façon tout à fait centrale aux fonctions mêmes des langages.

Je voudrais demander à Jacques Roubaud ce que signifie ce titre et surtout ce qu'est la *fonction prosodique?* Qu'est-ce que le *pouvoir prosodique* du langage? C'est un domaine qu'il explore, et autour duquel nous essayons, par moments, de faire une jonction. Face à ces problématiques, dont les objectifs derniers sont, finalement, l'objet du bonhomme Hegel et du bonhomme Lénine, c'est-à-dire le *pouvoir même.*

Je n'ai pas la connaissance pratiquement universelle que Roubaud et son groupe ont obtenue de la fonction prosodique, par une investigation assez longue, qui se situe dans un lieu que nous nommons entre nous le « Cercle Polivanov » : du nom du grand Russe qui mourut au cours de la grande purge en 1939, et qui fut l'ami de Maïakovski, d'Ossip Brik, de Roman Jakobson et de Khlebnikov.

Alors, qu'est-ce que le pouvoir prosodique?

Jacques Roubaud

Je ne sais pas si je peux répondre à la question ainsi posée.

Pour rester plus nettement dans le sujet, et ne pas traiter la question dans toute sa généralité, j'avais pensé donner un exemple du fonctionnement de la fonction prosodique du langage; et le prendre dans son aspect plutôt historique, et relativement récent, puisque la période qui nous intéresse va, en gros, de la Commune à nos jours.

Jean Pierre Faye

De la catastrophe d'*Igitur...*

Jacques Roubaud

Oui, de Mallarmé à maintenant.

Bien entendu, c'est un parallélisme qui peut sembler étrange, entre ce qui se passe dans l'aspect lourd de l'histoire et dans l'aspect tout à fait léger de la parole poétique.

Je vais donc avancer quelques propositions d'explication, à titre de constatation.

L'aspect qui m'a intéressé, c'est le processus de destruction de la prosodie traditionnelle française, qui accompagne dans le temps d'autres événements, qui ne sont pas du tout prosodiques. Ce processus commence assez tôt, mais apparaît de manière très claire vers le milieu du XIXe siècle.

Je vais prendre l'exemple le plus simple, puisque c'est celui qui porte le plus clairement la marque de la prosodie traditionnelle : l'alexandrin.

Si l'on considère le fonctionnement de ce vers, qui domine la prosodie française entre le XVIe et le milieu du XIXe, on s'aperçoit qu'il y a une espèce d'accélération... Il y a un début de destruction visible de la manière dont fonctionne ce vers, qui apparaît peut-être le plus clairement autour des années 1860, sans qu'on arrive à situer exactement le moment où cela se passe; il y a des choses que certains poètes se permettent, vers 1860, qui font que ce qu'ils écrivent n'aurait pas pu être considéré comme de la poésie acceptable par la génération précédente. Le premier, c'est Mallarmé, dans le deuxième vers de l'*Azur*, paru dans *Le Parnasse Contemporain* en 1866, où il écrit :

Accable, belle indolemment comme les fleurs ...

C'est un vers qui se coupe au milieu d'un mot. Chose tout à fait exorbitante pour un poète ayant dans l'oreille la quasi-totalité des vers alors écrits de Hugo, aussi bien que de Molière ou de Racine.

Je ne veux pas faire l'histoire de la destruction de l'alexandrin. Mais le moment fondamental de cette mutation dans la prosodie, on peut le saisir très clairement chez Rimbaud. Chez Rimbaud, cela va très vite. Il se pose là une bonne partie des problèmes fondamentaux que présente cette destruction de la métrique; et sa manière de les résoudre — ou de ne pas les résoudre — est une sorte d'anticipation sur ce qui va se passer ensuite.

Les poèmes que Rimbaud écrit pendant la guerre de 70 et la Commune sont des alexandrins, qui ne présentent pas d'innovation particulièrement forte. Ceci va jusqu'à la constatation que fait Rimbaud, en 1871, de l'échec de son espérance révolutionnaire propre.

Un texte est le constat de la défaite : *Paris se repeuple*. Mais c'est un texte écrit dans une prosodie...

Jean Pierre Faye

... hyper-hugolienne !

Jacques Roubaud

En 1872, Rimbaud écrit quelques poèmes, peu nombreux, les derniers à se présenter sous l'aspect de poèmes satisfaisant la prosodie habituelle. Le premier de ces poèmes, extrêmement violent, est une sorte de constatation violente de l'échec du mouvement révolutionnaire et de la Commune. Je vais en lire quelques vers. Ce poème se compose de six strophes en vers qui sont, en principe, des alexandrins : cela commence ainsi :

> Qu'est-ce pour nous, mon cœur, que les nappes de sang
> Et de braise, et mille meurtres, et les longs cris
> De rage, sanglots de tout enfer renversant
> Tout ordre; et l'Aquilon encor sur les débris.
>
> Et toute vengeance ? Rien !... — Mais si, toute encor,
> Nous la voulons ! Industriels, princes, sénats,
> Périssez ! puissance, justice, histoire, à bas !
> Ça nous est dû. Le sang ! le sang ! la flamme d'or !

Les six strophes se terminent par un vers beaucoup plus court :

> Ce n'est rien ! j'y suis ! j'y suis toujours.

Ce que le poème dit est très clair : il en appelle à la défaite du mouvement révolutionnaire, de la manière la plus violente, et en même temps désespérée. Il en appelle à la destruction de cette société, et constate, à la fin : *Ce n'est rien ! j'y suis ! j'y suis toujours !* Ce que cela va déterminer dans l'évolution personnelle de Rimbaud, c'est assez clair et connu. Mais ce qui est remarquable, c'est que ce poème est le premier à n'être absolument pas un poème en alexandrins.

Cette affirmation est difficile à saisir, dans la mesure où le processus actuel de destruction de l'alexandrin étant suffisamment avancé, elle n'est peut-être pas sensible; il n'est peut-être pas exactement visible en quoi ces vers, tout en ayant exactement douze syllabes, et en étant rimés, ne sont plus du tout des alexandrins. Mais toute la théorie de la prosodie nous le dit : il y a là une concentration des violations des règles portant sur la structure même de l'alexandrin, sur sa construction en deux morceaux. Dans chacun des vers de ce poème, il y a quelque chose qui boîte.

C'est très conscient chez Rimbaud. La conclusion du poème veut dire deux choses : dans sa violence contre la société — la société qui s'est rétablie : *Société, tout est rétabli !* (c'est la fin de *Paris se repeuple*), après la Commune —, il ne peut y échapper par l'imprécation — puisqu'il y est, il y est toujours ! —; et en même temps, portant cette violence contre l'alexandrin, en le détruisant, en l'attaquant d'une manière que n'a fait aucun poète contemporain — sauf peut-être Mallarmé, mais le problème de Mallarmé est différent, c'est moins visible — ...

Jean Pierre FAYE

C'est plutôt au niveau de la syntaxe.

Jacques ROUBAUD

... portant cette attaque sur les règles de la prosodie, Rimbaud se trouve dans la même situation que vis-à-vis de la révolution et de son échec dans la société. Il vit dans la société où cette révolution vient d'échouer; il détruit l'alexandrin, et il y est encore.

Ce n'est rien ! j'y suis ! j'y suis toujours.

Et les deux choses vont en même temps.

Après, c'est très clair : Rimbaud n'écrit pratiquement plus de poèmes. Il commence par pousser à l'extrême ce qu'il vient de faire sur la destruction fondamentale de ce langage prosodique qui, pour lui, porte la marque de la société contre laquelle il s'élève; et il continue un peu dans cette voie — mais pas très longtemps —, d'une part par le poème en prose et, dans les *Illuminations* par les deux poèmes qui sont ce qu'on peut appeler des poèmes en vers libres, qui portent également la marque de ce que sera cette prosodie.

Jean Pierre FAYE

Ce sont pratiquement les deux premiers de la langue française.

Jacques Roubaud

Après cela, il s'arrête.

Tout ce qui se passe dans la prosodie française, dans le langage poétique prosodique, après Rimbaud, se trouve dans la situation qui se lit dans ce poème.

De la même manière que Rimbaud porte sur la société la condamnation qui est la sienne après la Commune, il porte sur la prosodie — comme étroitement liée à l'organisation de la société — la même condamnation, y introduisant son schéma de destruction; sans pouvoir en sortir; sauf dans le silence.

Chez Rimbaud, cela se fait donc très vite, en deux, trois ans. Dans la prosodie française, le même processus peut se lire, mais prend beaucoup plus de temps.

Il est clair que les gens sont moins rapidement conscients du fait que l'alexandrin a été détruit. Ils continuent à en écrire — souvent d'extrêmement intéressants, ce n'est pas le problème —; mais à partir du moment où ce type d'effondrement prosodique a eu lieu, il n'est pratiquement plus possible de le refaire de la même manière.

Jean Pierre Faye

Si l'on reprend les grandes hypothèses qui ont été émises par Halle et Keyser (1), et sur lesquelles tu travailles, la structure profonde que constitue le modèle sous-jacent de l'alexandrin est soumise à des règles de transformation différentes. Certains *changements de règles* font qu'on obtient la surface du vers phonique par d'autres règles du jeu que celles du bon vieil alexandrin hugolien ...

Jacques Roubaud

La prosodie traditionnelle tient sur le nombre et la rime; quand cela a disparu, elle tend à se reformer dans d'autres choses qui l'accompagnaient puisque, quand on tire la prosodie, tout le reste du discours que porte cette prosodie vient. On

(1) Cf. *Change 6*, Jacques Roubaud, « Quelques thèses sur la poétique ».

retrouve donc ces caractéristiques dans le vers libre, et toute l'histoire du vers libre montre même une sorte de renforcement de la rhétorique traditionnelle par rapport à ce qu'elle est à la fin de l'alexandrin, chez Mallarmé. Quand le vers libre lui-même tend à se décomposer, cela se réfugie violemment dans la prose.

Jean Pierre FAYE

On retrouve là l'autre puissance du langage, la *puissance narrative*, puisque c'est cela qu'est chargée de porter la prose, depuis l'apparition du roman en prose ou de l'histoire en prose, donc depuis Villehardouin et Lancelot, au début du XIIIᵉ siècle.

A partir de cette date, pour des raisons assez mystérieuses, l'alliance visible de la puissance prosodique et de la puissance narrative, dans la chanson de geste, dans le roman en vers, et déjà dans l'épopée homérique, — ou toute époque primitive —, est brisée : d'un côté par le vers comme fonction lyrique — qui est prosodie apparemment pure —, de l'autre par la narration en prose. La narration se déshabille de son oripeau prosodique apparent.

Jacques ROUBAUD

Il n'y a plus de mélange ?

Jean Pierre FAYE

Il n'y a plus de mélange...

L'autre question est de savoir ce qui se passe dans la prose narrative et qui serait peut-être comparable à ce procès profond, à ce *procès sous-jacent* qu'est la prosodie pour le vers. Par exemple, dans la prose narrative première de la langue française : le roman de Lancelot, le roman du Graal. Avec ces exemples, on est dans la fonction narrative à l'état naissant. Cela va peut-être nous rapprocher d'une certaine écoute de cette narration diffuse dans laquelle nous baignons, qui a pour autre nom l'« idéologie ». Car, à chaque instant, la société se narre elle-même, se raconte ce qu'elle fait ou ce qu'elle est censée faire, et cela se propage aussi par des procès dont tout n'est pas visible, où importe le jeu des *coupes* et de ce qui laisse apparaître le sous-jacent.

Or l'histoire allemande de l'entre-deux guerres, l'histoire de la République de Weimar et de sa chute, est d'abord l'inverse de l'histoire qui conduit à la Commune. Il s'agit d'une république qui s'écroule dans une contre-révolution; de même que l'Empire du petit Napoléon s'effondre dans une révolution qui, elle-même, va être abattue dans l'effusion de sang produite et voulue par les Versaillais.

La *prosodie* de ce qui est *raconté par l'idéologie* de ses différents discours, sous Weimar, constitue une sorte de Graal moderne : récit de la « chevalerie idéologique » allemande.

C'est donc par ce deuxième détour qu'on va tenter peut-être de capter *l'autre puissance* de la langue.

Il se trouve que — depuis peu de mois — peut-être depuis un an ou deux — tu sembles avoir délaissé l'exploration du prosodique pour l'exploration de l'enfance de la prose. Cela, sur un terrain que tu connais de tous côtés : la langue médiévale. Là se touchent certains points vifs.

Jacques ROUBAUD

A vrai dire, je ne sais pas, pour le moment, si cette rencontre est...

Jean Pierre FAYE

... effective...

Jacques ROUBAUD

... ou de hasard. Il serait prématuré de le dire. Quant au processus de décomposition de la prosodie traditionnelle et de survie dans le discours littéraire actuel, il est extrêmement visible, et peut être démontré de manière positive. Dans le deuxième biais que nous avons saisi, celui du rapport de la prose médiévale à l'état naissant avec le récit, beaucoup plus fort qu'à l'époque moderne, ce n'est peut-être pas aussi évident.

Jean Pierre FAYE

C'est un point d'interrogation.

Jacques Roubaud

Il est clair que, dans ce qui sera emprunté par le récit de l'extrême-droite allemande à la fin du XIXᵉ siècle et à la fin de la République de Weimar, se trouve un modèle de discours qui vient visiblement, dans son schéma, de formes interprétées du roman médiéval, en particulier de la chevalerie. Le discours de la chevalerie dans les romans du Graal est un discours extrêmement naïf, et très franc au point de vue de l'idéologie. Les chevaliers occupent le pouvoir; et ils doivent avoir ce pouvoir parce que, comme le dit clairement la Dame du Lac à Lancelot, au moment où il s'en va à la cour du Roi Arthur, le chevalier doit être sur le peuple comme il est sur son cheval : le peuple doit le soutenir, le nourrir, et le porter ... C'est assez cru. Le discours idéologique est parfaitement tranquille et visible. Mais ce n'est pas suffisant, car la distinction sociale entre la classe qui a le pouvoir — la classe chevaleresque — et les autres, dont on ne parle pas, est très claire. Elle a les formes extérieures de puissance que sont les armes, les beaux habits, etc. C'est donc à la fois très fort et un peu grossier.

Mais il y a un deuxième discours. Une partie de la fascination qu'exerce ce modèle médiéval sur les gens de droite à la fin du XIXᵉ siècle me semble tenir au fait qu'à l'intérieur de la chevalerie, qui a le pouvoir, il se trouve une société secrète, la deuxième chevalerie, cette chevalerie qui a une origine mystérieuse, tournant autour du Graal, la chevalerie céleste. Wolfram von Eschenbach, dans *Parsifal* — cela sera le modèle de Wagner — nous la décrit très bien. Elle est bien organisée. Les signes qui font que l'on se reconnaît, qu'on est élu, et qu'on appartient à cette chevalerie, ne sont pas des signes aussi grossiers que le seul fait d'avoir effectivement la lance, le pouvoir. *Mutatis mutandis*, les signes du pouvoir qu'ont ceux qui l'ont, ne sont pas une raison suffisante, à leurs propres yeux, pour être élus comme faisant partie des gens qui doivent l'avoir.

Il y a donc, à l'intérieur de la classe chevaleresque, une autre classe secrète, celle des Chevaliers du Graal.

Jean Pierre Faye

Qui est à une puissance supérieure ...

Jacques Roubaud

Cette origine-là n'est pas grossière et, d'autre part, elle est
invérifiable. On dit qu'elle est, mais on ne peut pas dire d'où
elle vient, pour des raisons économiques, historiques, ou autres.
Certaines raisons sont dans l'intention pure.

Jean Pierre Faye

C'est le *récit* qui *dit* cela.

Jacques Roubaud

Oui. Le récit dit que ces gens-là appartiennent à cette classe
élue.

Jean Pierre Faye

A cette puissance seconde de la chevalerie.
C'est l'inverse de la « révolution dans la révolution » de
Régis Debray; c'est la chevalerie dans la chevalerie ...

Jacques Roubaud

Exactement.
Je ne sais pas si ce lien est particulièrement pertinent, parce
qu'il y a certainement d'autres récits qui fonctionnent.

Jean Pierre Faye

Ce qui est frappant, c'est d'abord que le Graal est retransmis
après Wolfram par un certain Richard Wagner, et qu'il y a là
tout à coup une élévation de puissance du discours wagnérien :
après avoir été un discours révolutionnaire autour de 1848, du
temps où il rencontrait Bakounine à Dresde, etc., il devient au
contraire un discours hyper-gobinien. A ce moment-là, le « sang
pur » véhiculé par le Graal devient le sang de la « race ». Cela
devient extrêmement clair dans les commentaires que se donne

à lui-même Wagner dans ses derniers textes, et surtout dans ceux que surajoute le wagnérien dans le wagnérisme, le sinistre Houston Stewart Chamberlain, le lugubre gendre, époux d'Eva.

La correspondance de Chamberlain avec Cosima Wagner est une des choses les plus consternantes qu'on puisse lire : ils parlent entre eux de Nietzsche comme d'un misérable pantin, ou d'un pauvre fou; eux, les gens sérieux, s'exaltent justement de la découverte du « sang allemand » par le grand Richard, jusqu'au moment où Chamberlain appelle soudain Cosima « Liebe Mutti », chère belle-maman ...

Il a, en plus, épousé le Graal lui-même ... dans sa version *moderne*.

Dans les années 30, à la veille de la prise du pouvoir par les nazis, est paru un livre que j'ai trouvé un peu au hasard des bibliothèques, à Fribourg-en-Brisgau, dans la ville de Martin Heidegger. Ce livre avait pour titre : *Kreuzzug gegen den Graal* : « Croisade en vue du Graal », « Croisade *contre* le Graal ». « Contre » dans le sens de « à la recherche de ... ».

Ce livre étrange, cathare et eschenbachien, m'avait amené à découvrir la vie de cet homme. Il s'agit d'un idéologue, qui entre dans la SS, à une date qui n'est pas très facile à déterminer. Puis, comme il appartient à une minorité sexuelle bien vue dans la SA, mais mal considérée dans la SS à partir de juin 1934, il est, un beau jour, condamné à mort de façon assez mystérieuse. Mais comme on n'exécute pas aisément un SS qui, en outre, est porteur du Graal, on le condamne au suicide. Cet homme étrange choisit, en fait de suicide la forme suivante, qui est acceptée par les autorités : le suicide au cognac, en se jetant dans le fond d'une crevasse glaciaire. Il est alors solennellement amené sur les lieux, et disparaît avec sa dose de boisson portée par les vases alcooliques ...

On a là une traduction un peu bouffonne, et assez lugubre, des récits du Graal.

C'est le folklore de l'idéologie, en quelque sorte. Mais il y a au-dessous quelque chose qui me paraît plus sérieux.

Car, dans le récit médiéval, il me semble aussi qu'il y a là deux niveaux : le récit lui-même, avec sa *conjointure* (ses conjonctures, ses événements récités) qui est, en quelque sorte, *la structure de surface*, la nappe superficielle, le « texte » même du récit. Mais on trouve en dessous quelque chose que tu appelles par moment la *structure profonde,* et que, par instant, tu décris à travers des verbes médiévaux comme le verbe *entre-*

bescar. L'entrebescar c'est l'« entrelacement ». Ce sont en effet des structures profondes de type « entrelacé », et non pas de type « concaténé » ou « enchaîné » comme les structures décrites par Noam Chomsky, qui sont des structures de concaténation. Dans les récits du Graal, il s'agit de structures entrelacées ou imbriquées, comme les fameux « peignes » de Benzecri dans l'algèbre moderne.

Cette sorte de réseau entrelacé, on le retrouve sur un tout autre domaine, celui de la prose narrative chez Danielle Collobert, dans *Dire I-II* (1).

Ce procès d'« entrebescar » qui court de façon sous-jacente, sous l'apparence du foisonnement diffus ou de la profusion incohérente que donne le roman médiéval, voilà la structure profonde du récit, l'équivalent de sa « prosodie ».

L'histoire des deux chevaleries dont on parlait tout à l'heure, la chevalerie solide et la chevalerie seconde, la chevalerie sociale et la chevalerie à la deuxième puissance, elle se refait sous nos yeux dans l'idéologie de Weimar.

Dans le procès idéologique et politique de l'Allemagne de Weimar, que se passe-t-il ? La vieille Allemagne est là, avec la vieille Prusse, les hobereaux, les Junkers, qui ont perdu le pouvoir depuis la révolution spartakiste, et même la stabilisation social-démocrate ou démocratico-libérale et centriste, et malgré le glissement à droite progressif, mais intérieur à la république parlementaire... Dans cette société survit la vieille chevalerie « teutonique », toujours là, réfugiée dans quelques bastions de l'idéologie comme le « Club des Messieurs » ou « Club des Seigneurs », le « Herren-Klub », le « Deutscher Klub », et quelques autres lieux; tout cela avec, comme arrière-fond, le « Deutscher Orden », l'Ordre teutonique.

C'est donc cela la haute société allemande effective. Elle a perdu le pouvoir, tout en le conservant toujours, car, par toutes sortes de systèmes de mariages (comparables aux généalogies des Rois Pêcheurs...) elle contrôle en même temps, à divers degrés, la grande industrie de la Ruhr. Cette chevalerie n'est pas privée de puissance, mais elle ne détient pas *le* pouvoir politique.

Le problème, pour elle, est donc de le retrouver.

A ce moment, apparaît un tout autre discours qui *raconte*, partant du Graal wagnérien et chamberlainien (néo-gobinien),

---

(1) Danielle COLLOBERT, « Dire I et II », Coll. *Change*.

que ce qui *compte*, c'est le « sang ». C'est le Graal du « sang » de la « race » qu'on apporte dans ce vaisseau narratif, à travers un certain nombre de bouquins plus ou moins au premier degré, mais qui, peu à peu, circulent de plus en plus dans les tissus de la société.

Tout à coup, on assiste à une opération fort étrange : la chevalerie prussienne socialement établie et instituée, ayant ses lettres de noblesse dans le Gotha, née de père et de mère garantis du point de vue des critères de la vieille Allemagne, adopte une chevalerie seconde faite de petits bourgeois bavarois. La grande chevalerie prussienne adopte les petits bourgeois bavarois, ou austro-bavarois, les douaniers de Braunau ou les apothicaires de Landshut, les Hitler et les Strasser et le bon Himmler qui élevait des lapins. Et toute cette mafia, tout à coup, se trouve investie par une promotion extraordinaire, qui la place au-dessus de la chevalerie effective. J'ai l'air de plaisanter en appelant les nazis des chevaliers, mais ce n'est pas simple ironie...

Jacques ROUBAUD

... c'est comme ça qu'ils se voient !

Jean Pierre FAYE

C'est ainsi qu'ils se voient et qu'ils finissent par se nommer, construisant les *Orden Burg*. Hitler, Himmler et Rosenberg ont véritablement pris au sérieux cette fiction; reconstituer un ordre méta-teutonique, hyper-teutonique, par-dessus la chevalerie du Gotha.

En fait, comment ce processus est-il possible ? Il faut qu'il y ait là une sorte d'investiture, qui ne peut se faire que par des détours assez bizarres.

La première investiture est donnée par ceux qui détiennent la parole de la société conservatrice. Les conservateurs allemands peuvent *nommer* conservateur ceux qu'il leur plaît de nommer ainsi. Ils peuvent donc dire : « Les nazis, ce sont aussi les défenseurs du *Konservatismus* ».

Mais cela ne suffit pas pour qu'ils prennent le pouvoir, et le redonnent à la chevalerie réelle en devenant chevalerie seconde. Il leur faut une deuxième investiture. C'est là que prend place un détour très curieux : il faut que cela leur vienne par l'autre côté, *par le côté de l'ennemi*, l'ennemi absolu, c'est-à-dire *la révolution* — à la fois la Révolution française et la Révolution russe, l'ennemi vraiment radical —. Je pense là à un texte de Bataille dans *Acéphale*, où il essayait de comprendre la naissance du fascisme en se référant à : « la seule autorité imposante, celle du changement catastrophique » — dans le monde moderne. C'est l'autorité que donne la Révolution.

Il faut donc avoir à la fois l'investiture du conservatisme — et l'investiture du changement catastrophique, de la révolution. Cela ne se donne d'ailleurs par aucune brutalité apparente — car les nazis font très attention à ne pas brusquer les choses et à ne pas renverser l'ordre établi, puisqu'ils ont besoin *de cet ordre* pour être investis —. Il leur faut le discours de la révolution; et pour cela tout un long détour — dont se charge essentiellement Goebbels.

Jacques ROUBAUD

Il faut qu'il apparaisse, comme il apparaît dans le Graal, que la chevalerie terrestre — ici les classes conservatrices — ne peut être sauvée de sa catastrophe imminente — puisque l'autre discours, le discours révolutionnaire la met en danger — que par l'intervention quasi-mythique et mystique de la chevalerie céleste, dont ils joueront le rôle.

Jean Pierre FAYE

C'est là qu'il faut que le langage ne dise pas n'importe quoi; ou plutôt qu'il dise *n'importe quoi, mais d'une certaine façon*. En apparence, il dit n'importe quoi. Prenons le livre-clé de Goebbels qui s'appelle « Combat pour Berlin », *Kampf um Berlin,* dans lequel on voit le petit Goebbels arriver en boitant à Berlin, dans une ville qui ne contient alors que mille militants nazis et d'où il va, en peu d'années, *donner* le pouvoir à son Führer. Il dit tantôt : « Nous défendrons la société contre la rue, contre les spartakistes, les émeutiers au « rücksack » dans le dos, les déserteurs, etc. », tantôt : « C'est nous la rue ! Nous avons la rue, nous sommes la révolution par la rue, et nous allons abattre la bourgeoisie ! »

Evidemment, on ne peut pas dire les deux dans la même phrase; c'est un peu gros, cela risquerait de produire une intersection vide ou un *produit* nul ! Il faut un système d'*entrelace-*

ments des propositions, chez le même locuteur. Goebbels le fait assez bien.

Mais cela ne suffit pas non plus. Cela ne serait pas crédible si, tout à coup, il arrivait disant cela; on l'interromprait, on lui dirait : « Vous vous moquez de nous ! Vous venez de dire que vous êtes pour la consolidation de la société établie, vous ne pouvez pas, en même temps, renverser la bourgeoisie, la noblesse et la société ».

Il faut donc que d'*autres* aient dit cela, dans un champ élargi. Il y a donc un *entrebescar* qui fonctionne de façon plurielle, sur une grande partition jouée par toute l'idéologie. On a donc l'énorme nappe narrative, un vaste roman hyper-chevaleresque et burlesque, qui dit tout à la fois : « Nous sommes les conservateurs, nous sommes les révolutionnaires ». Les uns disent davantage l'un; les autres disent davantage l'autre. Et les uns deviennent *les temps forts* de *l'autre;* puis le temps faible du moment suivant.

Jacques ROUBAUD

Ce Graal qu'ils offrent, c'est la manière, pour eux, d'être à la fois conservateurs et révolutionnaires. C'est le concept de race.

Jean Pierre FAYE

Le concept de « race » permet de dire les deux choses à la fois. Ce retournement fonctionne, curieusement, dans certains textes, comme une prosodie.

Hitler, le pouvoir déjà bien en main, peut se permettre de dire crûment : « Je suis le révolutionnaire le plus conservateur du monde ! », *Ich bin der konservatiste Revolutionär der Welt.* C'est seulement en juin 1936 qu'il peut courir ce risque, et encore ne le dit-il qu'à quelques chefs de la jeunesse, qu'il tient solidement dans sa poigne.

Voilà une très curieuse histoire. Tout commence par des énoncés jetés par Thomas Mann vers 1921, sous une forme assez ironique et problématique, à propos de Nietzsche : décrit comme n'étant « rien d'autre qu'une Révolution conservatrice ». Thomas Mann cesse de parler de ce discours et le dénonce même avec une virulence croissante, dans les années suivantes. Ce discours, capté par un petit noyau, n'est jamais parlé officiellement.

Il faut que cela soit dit d'une façon *entre-dite*; on ne doit jamais dire les deux choses à la fois d'une façon trop publique. C'est une sorte de tissu qui alterne les temps.

C'est ainsi que le « dire » est mêlé à l'« entredire » ou à l'« interdire » — vous savez qu'«entredire », en provençal, signifie « interdire » —. Finalement, le thème même de la révolution conservatrice est effectivement « interdit » par Rosenberg et Goebbels, après l'élimination des oppositions en 1934.

C'est ici que l'on voit la fonction des coupes et des césures. Le plus frappant est, au beau milieu de ce procès, l'apparition de la prosodie raciste.

Un texte de *Mein Kampf*, au chapitre III, raconte l'adolescence de Hitler à Vienne, après sa petite enfance à Braunau et à Linz. Il raconte qu'à Vienne, les choses sont devenues tout à coup évidentes : « La révolution de 1848 a pu être partout une lutte de classes : en Autriche, c'était déjà une nouvelle lutte de races ».

Il y a donc eu, à un moment donné — qu'il situe mythiquement en 1848, alors qu'en fait cela se situe très près de lui, plutôt autour de 1900, à la fin des années 80 —, *renversement de la lutte de classes en lutte de « races »*. D'une façon qui est dite un peu comme une comptine :

> « ... partout une lutte de classes
> « déjà une nouvelle lutte de races. »

> « Die Revolution...
>   konnte überall *Klassen*kampf sein,
>   in Osterreich...
>   war sie... Beginn eines *Rassen*streites. »

Derrière ce discours vient poindre Lanz von Liebenfels, le vieux raciste fou que, vraisemblablement, lisait le jeune Hitler en achevant sa revue au bureau de tabac d'une rue viennoise :

> « Sie wollen den *Klassenkampf*,
>   sie sollen den *Rassenkampf* haben... ».

On voit là un retournement à sa lancée, qui est très curieux.

« Ils ont voulu la lutte de classes, ils auront la lutte des races », et cela, « jusqu'au couteau de la castration ». — *bis aufs Kastrationsmesser*.

On a le bénéfice de l'assonance avec la lutte de classes, le

« Klassenkampf », tout à coup on l'a renversé; on a, au contraire, la chevalerie du couteau, la « deuxième chevalerie », celle du *Rassen*kampf.

Mais encore a-t-il fallu « *entrelacer* » *les énoncés.*

Jacques Roubaud

Il faut d'abord non seulement les entrelacer, de façon que cela puisse être accepté par des gens dont les motivations sont différentes, voire opposées. Il s'agit de détourner une partie des masses populaires et des chômeurs du « Klassenkampf », pour les mettre dans l'autre. Il faut aussi que cela fasse écho. Donc qu'il y ait un récit antérieur — il y a une grande quantité de récits antérieurs — qui puisse s'emparer de ces quelques noyaux de discours pour leur donner force.

L'interprétation qu'on donne habituellement, celle d'une propagande habile, est tout à fait insuffisante.

Jean Pierre Faye

Les drapeaux dans les rues, les affiches, etc., arrivent à la dernière minute. Le « viol des foules », c'est vraiment la dernière heure. C'est la campagne électorale. Avant, il faut mettre en place une plausibilité très longue : une *acceptabilité.*

Jacques Roubaud

Il faut que le discours soit déjà dans l'oreille des gens.

Jean Pierre Faye

Et même qu'il soit apporté de très loin...

Augustin Thierry le montre très bien. Montlosier, le vieil idéologue qui avait essayé de servir Napoléon et qui, ensuite, a développé le discours des *ultras* sous la Restauration, avait déjà, au dire de Thierry, « par l'emploi d'une phraséologie qui substitue à l'idée de classes celle de peuples divers », appliqué « *à la lutte des classes, ennemies ou rivales, le vocabulaire pittoresque de l'histoire des invasions et des conquêtes* ».

A partir du langage de la contre-révolution en France, et aussi dans la Russie tsariste, les deux nappes viennent se mêler et s'entrecroiser dans la langue allemande.

C'est là un de ces processus où l'on voit la *formulation* de la donation du pouvoir finir par *former* le pouvoir lui-même. On assiste, par les variations des *formulations,* à la *formation* même. C'est ce qui est assez singulier, et me rappelle le passage de Marx qui attire notre attention sur le fait que « nous avons à considérer le procès entier du côté de la forme, c'est-à-dire du *changement de forme,* (souligné dans le texte de Marx), qui médiatise (ou : rend possible) le changement matériel de la société ». Le change des formes ouvre sur le *Stoffwechsel* : le CHANGE MATERIEL.

Le terrain sur lequel nous tentons collectivement d'explorer le *mouvement du change des formes* est double. En prenant des langages apparemment fluides, on ne perd pas son temps; non seulement on est dans le langage, non seulement c'est déjà le domaine le plus précieux, mais aussi en apparence « le plus innocent de tous », disait Hölderlin; mais on peut aussi pressentir que le langage est « le plus dangereux de tous les biens ».

Les puissances qui sont à l'œuvre dans la langue de Hölderlin, sont aussi à l'œuvre dans le discours circulant. La langue de Hölderlin nous en donne une figure, cristalline et violente, où le procès est comme renforcé, élevé à une plus grande puissance.

Notre postulat provisoire — provisoire et partiellement vérifié sur certains points — est que ces explorations-là nous mènent auprès de l'objet le plus virulent, celui que Bataille énonçait et désignait à l'époque du *Collège de Sociologie,* avec Klossowski, lorsqu'il cherchait à voir comment le noyau sacré du pouvoir était lié à toute une constellation du dire et de l'interdire - de l'entre-dire.

Henri GOBARD

Je voudrais demander à Jean-Pierre Faye comment il pourrait analyser aujourd'hui deux discours actuels.

Deux autres totalités se présentent aujourd'hui devant nous :

— Premièrement, la totalité publicitaire : Y a-t-il là matière à analyse, ou est-ce simplement quelque chose qu'on peut laisser de côté ?

— Deuxième type de discours : le discours linguistique sur la langue, et en particulier, le discours régionaliste, le discours du Breton, de l'Occitan ?

Jean Pierre FAYE

Provisoirement, on peut se demander si la publicité n'est pas la fille de la propagande plutôt que sa mère. Ce qui fait qu'elle est là comme l'inter-règne de la publicité seconde, c'est-à-dire la publicité du pouvoir. Il est bien visible que, dans beaucoup de cas, les deux choses se mêlent. Je ne sais ce qu'est la publicité actuellement au Chili — qu'est-ce qu'on y vend ? —, ou en Indonésie, mais je suppose que la floraison publicitaire a dû accompagner, suivre, peut-être précéder, par des signes avant-coureurs, des événements qui relèvent du pouvoir même.

Quand Noam Chomsky, dans un texte qui vient d'être *interdit* aux Etats-Unis à travers toute une série de péripéties sur lesquelles on pourrait revenir (1), cite les discours dans lesquels l'Indonésie, après le *bain de sang* des années 60, est décrite comme le « paradis des investisseurs », je présuppose que ce paradis a dû fleurir par cent fleurs, qui ne sont certainement pas les mêmes que les autres « Cent fleurs », et qui ont dû couvrir les murs de toutes sortes de couleurs et de figures prometteuses.

Cette écriture murale, elle appartient aussi au pouvoir; mais pas toujours de façon aussi directe, aussi redoutable et terrifiante.

Historiquement, je suppose — mais je n'en suis pas sûr, et je n'ai pas la moindre donnée à apporter en confirmation de cette supposition hasardeuse — que Goebbels a dû faire faire de gros progrès à l'affiche.

Je me demande si, dans les années antérieures aux grandes vagues politiques, on faisait le même investissement dans l'image.

Quant au discours sur les régions, je l'écoute avec une attention assez silencieuse.

En première approximation, ces discours se donnent comme des langages anti-pouvoir, anti-centralisation. Mais cela dépend aussi des phases de la prosodie historique. Sous la IIIᵉ République, le régionalisme, c'est le maurassien qui le parle. Maintenant, cela s'est tout à fait renversé. Qu'est-ce qui produit ce renversement ? Il y a certainement des causes qui relèvent du procès économique, mais dans lesquelles je ne me hasarderai pas à l'improviste.

J'ai un peu assisté à ce qui se passait, à cet égard, dans la République Fédérative Yougoslave, il y a quelques années; je

(1) Voir *Change* 18.

suis arrivé à Zagreb une année où la Croatie était en plein processus de décentralisation, et le fait était officiellement donné comme le processus le plus avancé. Trois ans après, l'interprétation du même processus était inverse.

Il y a donc là des renversements, du pour au contre, qui sont complexes et aléatoires. On a l'impression que le sens dans lequel cela se déroule est un peu tiré au sort.

Ce qui n'empêche pas qu'à mon avis, actuellement, les phénomènes régionalistes sont extrêmement importants, et très pertinents. Et ils vont à rebours de la « Staatsmacht ».

On pourrait tenter de toucher cela avec les doigts de Georges Bataille, de la « sociologie sacrée » dont il a posé quelques prémisses. Une analyse de la « production du sacré »; comment le sacré est-il *produit* ?

Le sacré *se produit* d'abord localement, autour de lieux; l'Alsace autour du Mont Sainte-Odile, par exemple; le pays basque autour de Guernica.

Ces phénomène d'investissements autour de lieux qui sont des lieux de langage, des lieux que l'on *énonce* comme tels, on les interdit en les énonçant, puisqu'on doit les dire avec des précautions de langage, avec tout le respect qui leur est dû, et même en les séparant de l'espace comme la Kaaba. Ces lieux finissent par être soumis à un processus en spirale qui va, finalement, en se concentrant sur un seul point. Il n'y a plus que la « Staatsmacht » napoléonienne, l'Etat moderne.

Si l'on désenroule le procès, on va vers la libération des puissances du langage, et en particulier vers la libération des langues elles-mêmes, vers le retour à ces langues qui, en France, ont été effectivement broyées, opprimées, alors qu'elles vivent, en Allemagne, en Italie, ou dans les pays slaves, beaucoup plus intensément.

Nous qui avons des sympathies prolongées pour la poésie occitanienne des grands siècles, XIIe et XIIIe, nous disons que tout ce qui tente de donner à ces langues étouffées un minimum de respiration nouvelle est positif, même si les résultats sont problématiques ou fictifs.

Jean-Paul ARON

Je voudrais revenir sur les deux chevaleries distinguées par Jacques Roubaud.

Je crois qu'on lui accordera très facilement la chevalerie du

Graal comme une chevalerie officielle et une chevalerie secrète. Mais je crois qu'il faudrait nuancer un peu ces énoncés.

D'abord, parce que la chevalerie, dans la société médiévale, aux xiie, xiiie, ou encore au xive siècle, n'est pas exactement la classe dominante. La classe dominante, c'est la noblesse, de laquelle la chevalerie s'est toujours distinguée : la chevalerie n'est ni la noblesse, ni l'ordre féodal. A l'intérieur de l'ordre nobiliaire, la chevalerie est déjà, à un certain degré, ésotérique; elle est déjà quelque chose qui suppose une *élection*.

A l'intérieur de la chevalerie tout court, nul doute que la chevalerie, telle que le Graal l'exprime mystiquement et mythiquement, représente alors un secret que la chevalerie tout court — celle qui parle au grand jour — ne représente pas.

Je voudrais faire une autre remarque : la chose n'est pas tellement rare au Moyen-Age, puisque dans d'autres classes, qui ne sont pas forcément les classes dominantes, ou qui exercent par rapport à la dominance, des rôles divers — je pense à l'Eglise, ou même à la bourgeoisie à partir du xiiie ou du xive siècle —, il faut distinguer ici aussi ce qui est ouvert de ce qui est fermé, ce qui est officiel, si l'on peut dire, de ce qui est secret. Il y a une Eglise officielle et il y a tout de même des ordres religieux, le Temple par exemple, régi par une règle profondément secrète. La bourgeoisie apparaît — dans ce qui sera plus tard la France — difficilement et timidement; mais — nous parlons là de l'Europe occidentale en général — il y a tout de même des corporations; à l'intérieur de ces corporations, tout le monde sait — ce sont des lieux communs — qu'il y a des règles secrètes.

Cela ne met nullement en question ce que Roubaud disait sur la chevalerie du Graal. Mais je ne pense pas qu'il y ait une relation immédiate et objective entre le secret et la classe dominante. Ou du moins faudrait-il préciser cette oligarchie du secret ou de l'occulte par rapport à la classe ou à la société dominante.

Jacques ROUBAUD

En fait, je n'ai pas fait un parallèle entre ce qui est raconté dans les romans du Graal — qui, de toute façon, est assez divers parce que cela s'étend sur une longue période de temps et qu'il y a des auteurs variés — et ce qui se passe à ce moment-là dans la société.

C'est-à-dire que je n'ai pas voulu faire de l'histoire médiévale, parce que j'en serais bien incapable; je voulais simplement prendre ce qui nous est raconté. Et dans ce qui nous est raconté, vous ne voyez pas du tout la bourgeoisie, ni les vilains, ni la paysannerie. Ils sont complètement gommés.

Donc, ce qu'on peut prendre, c'est le discours du récit du Graal, comme il se présente. Et il se présente comme je l'ai dit. Je ne me prononce pas sur le fait de savoir à quel moment de l'histoire ça correspond, à quelle force dans l'histoire ça correspond, ce qui est un problème très complexe. Mais, en tous cas, le récit, lui, est relativement simple de ce point de vue; on nous le dit : il y a la chevalerie terrestre et la chevalerie céleste, et on cherche à débrouiller les liens entre les deux. Et, de toute façon, c'est une interprétation qui est encore plus éloignée de l'histoire que prendront les idéologies racistes ou d'extrême-droite. Ils la prendront de manière burlesque, mais ils en retiendront quelque chose dans le fonctionnement, quelque chose qui leur servira idéologiquement et qui, hélas, va être encore plus éloigné de la réalité médiévale.

Jean Pierre FAYE

Nous disions « chevaliers » entre guillemets, évidemment !...

Parmi les « chevaliers » modernes, il y en a un qui est intéressant : Franz von Papen. C'est lui, modeste chevalier sarrois, qui est chargé d'apporter le saint vaisseau, le signe de l'investiture, aux chevaliers seconds, ceux qui vont construire les *Ordenburgen*.

A propos de ce phénomène de l'investiture et de l'onction, ou du sacre, j'ai trouvé un texte qui amusera peut-être Jean-Paul Aron. C'est un texte de Saint-Simon — non pas le comte, mais le duc —. Il emploie un terme bizarre, le « chrême », l' « ancien chrême » qui, dans son lexique, signifie une liaison occulte, courant au-dessous de l'apparence.

> « *Il était toujours demeuré une sorte de liaison de M. le Prince, et de M. le prince de Conti à lui — c'est-à-dire La Rochefoucauld — de l'ancien chrême des pères, mais sans rien d'apparent.* »

Cet *ancien chrême...*, c'est donc cette liaison qui court au-dessous de la surface sociale, qui appartient aux liaisons entre-mêlées, et quasiment cachées, secrètes ou « profondes », un peu comparables aux généalogies des Rois Pêcheurs du Graal. Et voici que ça joue dans les intrigues de la Cour. Tout à coup, cela fait surface : ce sont des événements manifestes et de surface qui peuvent avoir des effets prodigieux.

Jean-Noël VUARNET

Il a été question, par allusion, une fois ou deux, de Nietzsche; et il me semblerait intéressant de voir, au moins rapidement, comment les énoncés nietzschéens ont pu être repris et utilisés dans la période qui nous intéresse. Peut-être, à cette occasion, serait-il possible de parler des énoncés philosophiques en général ?

Jean Pierre FAYE

Il est bien évident que le sens du discours nietzschéen ne se réduit pas à ce qui en a été dit, un beau jour, par Mann, à propos d'ailleurs de Gogol et du roman russe : que Nietzsche « n'est rien d'autre qu'une révolution conservatrice » — « *Nichts anders als eine konservative Revolution* ».

Il est vrai que Nietzsche, dans certains textes que cite Mann plus tard, décrit Luther comme une réaction qui est un progrès : « *Reaktion als Fortschritt* ».

Analyse d'ailleurs profonde. Qu'est donc la réforme luthérienne ? Est-ce un retour au Moyen-Age, ou l'annonce des temps modernes ? C'est une question pertinente et profonde.

Quant au discours nietzschéen lui-même, que signifie-t-il dans la nappe idéologique de la République de Weimar ? Il est capté surtout par la droite. C'est effectif : à part les écrivains d'avant-garde, à gauche, qui s'intéressent à Nietzsche, idéologiquement il appartient à la droite. C'est là, sans doute, l'effet d'un énorme malentendu, que Bataille et Klossowski, dès le *Collège de Sociologie* et *Acéphale,* ont essayé de démontrer, d'abord en citant les textes de Nietzsche anti-antisémites, extrêmement violents et méprisants, par exemple les lettres à Theodor Fritsch, auteur d'un catéchisme antisémite. Surtout, — là, je pense que l'interprétation klossowskienne est prodigieusement pertinente —, le « complot » de Nietzsche, si on lit les textes dans leur détail et surtout dans la grande masse des inédits — et non pas à travers le filtre qu'en a donné la redoutable Elisabeth, le « Lama », la terrible sœur —, le *complot* nietzschéen n'est pas du tout celui des bêtes blondes qui s'emparent du pouvoir d'Etat, les armes à la main. C'est, au contraire, le « complot » de ceux qui sont dispersés, qui demeurent dans une sorte d'apparente pénurie, qui n'ont rien dans les mains, qui jouent leur partie par la seule épreuve de la fiction : de « l'éternel retour ».

A mon sens le « surhomme », l'homme du complot nietzschéen, ressemble davantage à Vladimir Illitch Lénine, marchant seul dans la rue qui conduit, le long de la cathédrale Smolny, vers le Soviet de Pétrograd, sans arme ni escorte, portant avec lui une perspective capable de renverser les perspectives; il lui ressemble bien plus qu'à un général de l'appareil d'Etat tel que Heydrich, au sommet du III⁰ Reich.

Comment fonctionnent les énoncés philosophiques, dans l'ensemble des circulations d'énoncés idéologiques ? Sont-ils réductibles aux énoncés de l'idéologie ? Sont-ils simplement des séquences plus intéressantes, ou mieux écrites, écrites de façon plus serrée ? Ou ont-ils un autre ordre de pertinence ?

La question se pose pour Nietzsche, mais plus encore pour Martin Heidegger qui, effectivement, joue une partie redoutable dans le début des années 30, sur le terrain du discours de l'idéologie, et se trouve pris au piège de ce discours par une série de relais, qui ne sont pas assez explorés en France par ceux qui s'en réclament. En même temps, il me paraît évident que l'ensemble de son propre discours, ou la démarche, qui est chez lui la pensée même, ne peut se réduire à *cela*. C'est ce qu'il nous appartient d'explorer. Quand nous essayons de dessiner quelque chose que nous tentons de nommer le *mouvement du change des formes,* qu'est-ce que cela veut dire ? Qu'il existe des déplacements de registres, et qu'on ne peut se borner à analyser simplement les choix existentiels, les « projets absolus », à la façon sartrienne. Par exemple, l'antisémite, ce n'est pas simplement un choix existentiel que fait le voisin dans l'autobus : c'est lié à toute une nappe d'énoncés narratifs qui commencent, avant Gobineau, avec Montlosier, qui remontent beaucoup plus haut, débouchent sur un certain nombre de nœuds historiques, et sont remis en circulation à d'autres moments du procès.

Cela appartient donc au *procès* réel, à la fois économique et langagier.

Il ne s'agit pas non plus simplement des « structures », au sens du *structuralisme tel qu'on le parle à Paris,* c'est-à-dire des petits tableaux fixes, des niches où sont mis en rang l'or, le capital, le père, le phallus et le Texte. Cette phraséologie est totalement inefficace, car elle ne nous donne pas vraiment les *effets de circulation* et d'*interférences* des circulations.

C'est, au contraire, une traduction, un effet d'*opération tra-*

duisante, qui fait passer brusquement d'un registre à l'autre. Au milieu de l'*Introduction à la Métaphysique,* Heidegger, qui parlait de « l'être », tout à coup dénonce la *Frankfurter Zeitung,* et y aperçoit les termes derniers du « nihilisme occidental ». Ou lorsqu'il annonce que, « en dépit de maintes purges », on n'a pas encore transformé l'Université allemande, que veut-il dire ? Veut-il dire qu'il approuve les purges que poursuit à ce moment-là l'autorité nazie dans les universités ? Mais quel rapport cela a-t-il avec la question qu'il pose sur « la clairière de l'être » ? Question qui n'est pas négligeable en elle-même et rejoint d'une certaine façon ce que dit Bataille lorsqu'il montre qu'il y a une « clairière » autour du pouvoir. Le pouvoir est entouré d'une certaine lumière : une lumière sale d'ailleurs; une lumière « sainte », aussi. De quoi cela est-il fait ? Qu'est-ce qui illumine certains lieux, et leur fait dire : « Ça, c'est le pouvoir ! Ça, c'est le pouvoir d'Etat ! » — ou le pouvoir prétendument « charismatique » d'un homme comme Adolf Hitler ? Qu'est-ce qui définit cette « clairière dans la brousse », comme le dit Bataille à propos des sociétés sans écriture, où le pouvoir est dessiné par la coupe de la végétation même, forme première de discours humain.

Dans la société moderne, de quoi est faite cette pensée, capable d'éclaircir la broussaille des objets pour faire apparaître ce noyau phosphorescent, dans le discours ?

Cette analyse relève de toute une nouvelle économie, qu'il s'agit de produire, qui n'est pas simplement l'économie politique — ce n'est pas simplement l'économie des choses marchandes —, mais qui est inscrite dans le même procès. Et Marx dit effectivement — c'est une des rares choses qu'il ait écrite sur le langage, mais cela a une pertinence énorme — : La production de la valeur économique, c'est quelque chose qui est produit socialement, fait de *transformations,* et c'est « tout comme le langage ».

C'est là un procès à plusieurs niveaux, qu'il faut tenter d'explorer.

Cela dit — et c'est plutôt une question que je renvoie — la langue libre, la langue sauvage de poésie, explore ça, peut-être beaucoup plus vivement que de lourdes analyses sociologiques.

Mitsou RONAT

Jacques Roubaud et Jean Pierre Faye se sont référés tous les deux à la prosodie, l'un plus spécifiquement en poétique, et Jean Pierre Faye, pour les questions d'idéologie.

J'aimerais voir discuter la question sous-jacente. C'est-à-dire d'une part la référence à Chomsky, et le besoin, par conséquent, de « théoriser » les analyses que vous entreprenez; qui ne sont pas simplement des analyses descriptives, mais conduisent à une formalisation, à une théorie qui se voudra explicative : c'est donc un besoin théorique. Et d'autre part, le problème qui est envisagé du point de vue de ce qu'on appelait autrefois la « sémantique », et qui est là totalement déplacé : on va vers les *formes* du langage. Les *formes* de l'idéologie ne sont pas du tout assimilées à une « sémantique », au sens, disons : des logiciens ou des « philosophes du langage » traditionnels.

Et cela me paraît tout à fait fondamental, dans la mesure où la tentative du « *mouvement du change des formes* » ne ressemble absolument pas à ce qui a été fait par ailleurs, par exemple sur les langages politiques, la psychologie du langage, etc.

Jacques ROUBAUD

Je ne pourrai dire qu'une chose sur l'attitude théorisante.

Je pense qu'il y a une première réponse tout à fait évidente : si l'on ne donne pas une analyse théorique de ce que l'on fait, si on ne cherche pas à savoir comment se développe la prosodie, quels sont les caractères formels de la prosodie traditionnelle — puisque c'est l'exemple que j'ai pris et développé —, et si on ne cherche pas à savoir comment cela fonctionne, on sera d'autant plus sensible à la prosodie héritée. Si l'on n'est pas conscient de ce que l'on fait, on dépendra entièrement de la prosodie héréditaire.

C'est là l'écueil sur lequel achoppent beaucoup de tentatives de type « révolutionnaire » dans le domaine de l'écriture : cette contradiction annule un certain nombre des caractères formels de ce qu'elles sont en train, en principe, de subvertir.

Jean Pierre FAYE

Ce qui se cherche actuellement a beaucoup plus d'armature que les propos de la sémantique tentés il y a une quinzaine d'années. Ceux-là aboutissaient à des trivialités — les catégories d'une sémantique universelle — qui ressemblaient un peu au *Dictionnaire des idées reçues* de Flaubert. On les retrouve dans une certaine « sémiotique prétendue », celle qui a nom sémanalyse, par exemple. Ce qui est intéressant, c'est de capter les procès.

Deux d'entre eux sont bien constitués. D'abord, celui de la syntaxe : il est exploré de façon conséquente et, maintenant, avec des moyens très puissants, qui sont même des appareils symboliques, des appareils algébriques.

Le procès prosodique, lui aussi, depuis Halle et Keyser et les travaux de Jacques Roubaud, est objet d'exploration effective. Il ne s'agit plus seulement de commentaires « littéraires », au pire sens du mot, mais d'une exploration des formes et de la pensée. Mais ce qui se passe dans la prose, et surtout dans cette « mauvaise » prose, dans la « sale prose » de l'idéologie circulante ou circulatoire, c'est beaucoup plus difficile à capter d'une façon rigoureuse.

Ce qui me paraît néanmoins amusant en ce moment, c'est qu'on est obligé de faire front sur trois terrains, de lutter et de percer sur trois fronts polémiques — trois fronts appartenant à l'idéologie de la polémique.

Le premier front, c'est l'*illusion du sens commun*. Elle consiste à dire : ces histoires de langage, ça ne sert à rien... Ce qui existe, ce sont les événements et les idées : « l'histoire des idées » existe depuis toujours : monsieur Voltaire l'a mise en pratique dans l'*Essai sur les Mœurs*.

Je me souviens d'une grande discussion à valeur à la fois historique et épistémologique, où l'on me disait : inutile d'épiloguer sur le langage idéologique de Hermann Rauschning, l'auteur de *Hiltler m'a dit*, et de la *Révolution du nihilisme,* « parce que moi » (me disait-on) « je l'ai connu, Rauschning, je l'ai rencontré, et je connais ses idées; je sais ce qu'il pense, puisque je l'ai rencontré... ».

Ma réponse, fort simple, consistait à dire : Evidemment, on peut rencontrer Hermann Rauschning, on pourrait même rencontrer au coin de la rue Adolf Hitler ou, s'il s'est effectivement échappé, Bormann. Mais, à moins de faire tourner les tables ou de procéder par télépathie ou transmission de pensée, il est probable qu'ils parleraient *par le langage;* et à ce moment-là, ils appartiendraient au champ.

Rauschning, par exemple, dont on fait en Occident, surtout dans l'Occident anglo-saxon mais aussi en France, le véritable interprète du phénomène nazi, celui pour qui les nazis sont de « vrais révolutionnaires », cet excellent Rauschning avait fait une prophétie imprudente, qu'il a gommée de ses rééditions en langue allemande après la guerre. Lui, le néo-conservateur, lui qui appartient au Club des Messieurs, il découvre soudain qu'il s'est trompé en devenant nazi, et que les nazis sont *loin* de lui, qu'ils sont plus

« à gauche » que lui; ils sont même au « centre invisible » de l'extrême-droite; donc plus « à gauche » dans la droite que la droite conservatrice. Mais ils sont déjà dépassés par des gens plus dangereux, plus « à gauche » qu'eux-mêmes, à savoir les *natio-naux - bolcheviks*, ceux qui sont à « l'extrême-gauche » de « l'extrême-droite ». Le bon Rauschning ajoutait : « Vous verrez, il y a quelqu'un de bien plus dangereux qu'Adolf Hitler, c'est Ernst Jünger... ».

Evidemment, nous avons le privilège de savoir qu'Ernst Jünger n'a pas renversé le pouvoir d'Adolf Hitler, qu'il n'était pas le « jacobin » dont Hitler aurait été le « girondin » — comme il l'avait écrit noir sur blanc. Au moment où les amis de Jünger l'écrivaient aussi de leur côté, Otto Strasser, par exemple : ils allaient renverser le « girondin » Hitler »...

Nous savons maintenant que le « jacobin » Jünger publie des livres à la Table Ronde, et même des livres sur la drogue : il est presque devenu un hippy californien... Il écrit aussi sur Rivarol...

Son activité littéraire est éminemment innocente, et mo-derne...

Il est certain que ce n'est pas cela qu'avait perçu Rauschning dans l'illusion idéologique, dans l'illusion optique du procès de discours dans lequel il était pris. Mais cette illusion « irréelle » a contribué à faire qu'en effet Hitler *prenne le pouvoir,* grâce à *ce jeu sur les oppositions diamétrales* à l'intérieur des rapports de position et de la « prosodie » idéologique dans l'extrême-droite allemande. Cela, c'est ce que l'illusion du sens commun ne perçoit pas, et contribue à masquer. Rien de moins « innocent » que ce sens commun : le véritable *opium des intellectuels,* c'est lui...

La seconde illusion, c'est l'*illusion du « texte »,* l'illusion de la *superstition « textuelle »* actuellement fort à la mode. Elle consiste — c'est un très curieux effet de la pathologie du lan-gage — à admettre que le langage écrit, le langage de l'écriture, est à lui seul une « théorie », quoi qu'il dise. Il suffira de prendre de l'encre... La théorie est déjà dans l'écriture. « Le texte sait »... « L'écriture textuelle est histoire *réelle* » — directement, et par un effet d'implantation magique...

Une troisième illusion apparaît maintenant, qui est beaucoup plus sympathique, mais presque aussi régressive, bien que plus naïve : c'est un retour à l'illusion hugolienne. Elle consiste à dire : fions-nous au langage qui, seul, peut nous libérer, au langage de la poésie : elle seule va nous désopprimer et nous désaliéner : elle va nous délivrer tout particulièrement des prétentions de la théorie qui sont « toujours totalitaires »... Cela a été écrit noir sur blanc.

C'est le retour néo-hugolien, c'est la poésie-mage... Mais que veut dire le mot « théorie », appliqué à ce que nous essayons de dire ? Ce n'est pas un mot qu'on va entourer d'un halo de respect sacré; la question n'est pas là. L'exploration de la pensée dans ses points de jointure, entre le langage et le pouvoir, par exemple, menée de façon conséquente, permet de voir ce *procès de puissance* inscrit dans la compétence de la langue.

On peut dire que ce pouvoir de *voir* plus clair dans les articulations, ou les jointures, ou les chevilles, c'est la théorie. Dans « théorie », il y a « théâtre »; c'est... « *theoria* » et « *theatron* », θεωρία et θέατρον. C'est presque le même mot.

On *voit* mieux, on est mieux assis pour *voir* sur les bancs de pierre du « theatron » grec. Ce qui se passe au centre dans la mise en scène que l'histoire fait passer avec le langage, en construisant ainsi le pouvoir avec le langage et le désir dans le langage : on y voit quelque chose changer...

On peut alors découvrir que les formes les plus sauvages du langage libre, du langage poétique, ont une conséquence étrange, parfois plus cohérente que bien des pseudo-« théories ».

Je pense au livre qui se nomme *Melencolia* (1), de Jean-Claude Montel. C'est la langue la plus sauvage, et pourtant elle est entièrement *conséquente* : apparemment par hasard, et comme malgré soi.

Or son degré de sauvagerie est beaucoup plus grand que celui de certaines langues littéraires auxquelles Jacques Roubaud faisait allusion tout à l'heure; qui paraissent débridées mais qui, en fait, sont remplies de stéréotypes acquis, provenant des vieilles métriques, des bons vieux alexandrins, des bons vieux décasyllabes, quitte à être habillés d'un peu de Céline ou d'un peu de Guyotat...

Jacques ROUBAUD

... ou de Jehan Rictus !

Jean Pierre FAYE

... ou de Jehan Rictus, oui !
On peut encore mettre des apostrophes à la place des « e » muets...

(1) Jean-Claude MONTEL, *Melencolia*, Paris, Coll. *Change*, Seghers/Laffont, 1973.

Ces pseudo-débridages manquent à la fois la conséquence et la virulence, et par la même carence.

Jacques Roubaud

Mais l'illusion « théoriste » serait de croire que le fait d'avoir rendu formelles les choses va, ipso facto, les changer. Cela ne fait rien du tout ! La théorie à elle toute seule ne fait rien du tout ! Je pense que c'est *nécessaire,* mais certainement pas suffisant !

Jean Pierre Faye

Ce qui *change* opère à deux niveaux.

Il y a cet *inconscient des langues,* qui peut être objet d'exploration (théorique), en ses points névralgiques. Mais qui fonctionne en même temps dans l'écriture libre, sauvage, en touchant l'autre inconscient, celui que Freud rattache à la libido, l'inconscient du désir. Et cet espèce de frôlement de *l'inconscient de la langue* à travers *l'inconscient de la pulsion,* c'est sans doute ça qui fait changer les règles des langues.

Mais comment savoir ? Pourquoi la langue latine n'écrit-elle plus les hexamètres et se met-elle à faire des vers rimés en langue romane, à partir d'un certain moment ?

Il se passe un certain nombre de choses dans le procès historique et dans l'économie des sociétés. Le *désir de la langue* se déplace incontestablement et choisit d'autres accents. En de pareils moments, il nous donne en même temps, tout en constituant la langue, le moyen de *détruire* les formes et d'en avoir la *mémoire.*

Ainsi l'on ne peut savoir comment les gens parlaient à l'époque de Chaucer que grâce à la prosodie de Chaucer. Si Chaucer avait disparu, on ne saurait pas comment parlaient dans la rue les marchands et les coupeurs d'escarcelles, et les rois, dans les Iles Britanniques du XIVᵉ siècle.

Robert Jaulin

A plusieurs reprises, l'un et l'autre, mais surtout Jean Pierre Faye, vous opposiez très nettement — et c'était compréhensible, tout au moins au départ — la lutte des classes et la lutte du sang, la lutte de races. De là vous passiez, comme s'il s'agissait de la même opposition, de l'opposition de la lutte des classes à celle de la lutte des peuples, et on a eu l'impression que vous auriez pu aller encore beaucoup plus loin, tout en faisant comme si vous mettiez dans le même panier races, peuples, et finalement ethnies et civilisations. On a eu cette impression-là lorsque, à la question sur le régionalisme, vous avez répondu en disant : « Tout cela peut s'interpréter dans tous les sens; aujourd'hui ça va, mais hier ça n'allait pas ! »

Les choses sont un peu plus complexes.

Déjà, l'opposition *lutte des classes* et *lutte des races* est un discours tenu par le monde hitlérien, mais qui signifie plus que ces simples phrases, et dont on pourrait donner beaucoup de lectures.

Quant aux autres propositions, quant à l'analogie entre *lutte des races*, *lutte des peuples*, entre *races, peuples, ethnies,* etc., elle est un petit peu rapide. Ne conduit-elle pas simplement à affirmer une certaine chevalerie, celle qui se donnerait en bannière l'image ou les mots de *lutte des classes* ?

Jean Pierre FAYE

J'ai cité les choses à l'envers : par ordre de grandeur, au lieu de citer par ordre d'énonciation. J'ai cité *Mein Kampf* avant Lanz von Liebenfels, et celui-ci avant Montlosier.

Mais Montlosier paraît après 1815. Augustin Thierry, soit dit en passant, donne pratiquement le premier énoncé, dans l'histoire des langues (avec Guizot sans doute), de la lutte des classes; à peu de choses près, c'est peut-être la première fois que les deux mots sont vraiment accolés dans une même phrase. Marx, d'ailleurs, le dira : c'est chez Guizot et Thierry qu'il trouve ce concept, déjà dit sinon pensé.

Quand Augustin Thierry souligne que « la lutte des classes », chez Montlosier, est remplacée par « *le vocabulaire pittoresque de l'histoire des invasions et des conquêtes* », il ne veut pas dire n'importe quelles « luttes des peuples ». Il se réfère là à une querelle de discours, à une querelle du discours épistémologique, qui se déroule entre la fin du Moyen-Age et l'époque de Gobineau, et qui a pour point de départ la question de savoir... qui sont les Français. C'est tout bête !

Qui sont les Français ? Des Gaulois ? Des Francs ? Des « François », comme les appelle Boulainvilliers. Les « Françouais », chez

Boulainvilliers, ce sont les Francs. Les « François originaires », ce sont ceux-là qui arrivent des Pays-Bas, et conquièrent la Gaule jusqu'à la Somme, puis jusqu'à la Seine, enfin jusqu'aux Pyrénées. C'était là le vocabulaire du xviiᵉ, xviiiᵉ. Mably lui-même disait encore les « François », les « Français », pour dire « les Francs ». « Les Français » ont traversé le Rhin.

La querelle était donc de savoir qui étaient les Français, et en particulier si la noblesse ne descendait pas des Francs, et le tiers-état des Gaulois. Dans cette perspective, le *récit* des conquêtes était idéologiquement la justification des stratifications sociales. Si la noblesse est au-dessus de ce cheval qu'est le tiers-état ou les « vilains », c'est que les « Françouais » sont arrivés du Nord et se sont assis sur les Gaulois...

A partir du moment où l'on a brisé la grande fiction qui arrangeait tout, celle du Moyen-Age, selon laquelle les « Français » descendaient *des Troyens...*, on s'est dit : peut-être certains sont-ils des Francs !

Le droit de conquête est la justification que Boulainvilliers et le duc de Saint-Simon, puis Montlosier donnent du rapport des classes. C'est à partir de Sieyès et de Mably qu'on commence à renverser les choses, en admettant que si en effet les nobles, ce sont des conquérants, après tout qu'ils repartent là d'où ils viennent, — puisqu'ils sont déjà partis au-delà du Rhin, avec l'armée de « Pitt et Cobourg », qu'ils y restent; le tiers-état, c'est *tout*, c'est la France même...

Ainsi la gauche de la Révolution française décrypte le récit du type Boulainvilliers, en découvrant qu'il s'agit en définitive de rapports de classes, de rapports de domination sociale.

Mais pour la contre-révolution, chez Montlosier, puis Gobineau — descendant d'un « garde français » posté aux alentours des Tuileries au cours des années révolutionnaires —, la Révolution française a renversé les rapports entre la race des maîtres et la race des serviteurs. A partir de là, en effet, le récit qui, à travers Wagner, va rapporter les signes de la pseudo-chevalerie dans le monde moderne, contribue à permettre l'opération de 1933, avec beaucoup d'autres soubassements, dont la crise économique la plus grave du capitalisme mondial.

Robert JAULIN

C'est un contexte très local. C'est le rapport qui se borne, au départ, à deux « nations », au sens moderne du mot : le discours est parlé dans un univers franco-allemand. Il est évident que la lutte des peuples, dans le monde entier, ne suivra pas ce schéma; mais, en gros, la lutte des peuples dominés contre les peuples dominants est déjà énoncée de façon correcte, à travers toutes sortes de déguisements idéologiques, par Mably ou Sieyès, et même Guizot, qui prolonge l'idéologie du tiers-état au début de sa carrière, et qui est un précurseur de Marx à cet égard, bien qu'il devienne aussi plus tard la cause occasionnelle de la lutte des classes; les peuples dominants retraduisent dans le discours de la « lutte des races ».

L'absence de réponse de la part de Jacques Roubaud et la réponse de Jean Pierre Faye sur le régionalisme faisaient comme si, tout compte fait, on était dans une réalité où le problème des Français, des Allemands ne se posait pas — une réalité donnée, stable —, comme si c'était en fonction de cette réalité-là qu'on pouvait parler de lutte des classes.

Ce qui signifie indirectement que mettre en cause cette réalité « française » ou « allemande », etc., c'est, en quelque sorte, porter atteinte à la problématique de la lutte des classes elle-même. On ne peut donc pas répondre simplement par l'historique du mot et rester enfermé au simple niveau du langage des choses — ce que tu as fait en parlant d'Occitanie et que tu aurais pu faire pour la Bretagne —, en évoquant simplement le niveau linguistique, et pas un niveau beaucoup plus important que le niveau linguistique, celui de la vie quotidienne : qui fait quoi avec qui ? et dans quel champ de terre ? dans quel champ de propriété ? c'est-à-dire de propriété de jouissance ? dans quel espace ?

Il y a là, entre une non-réponse d'un côté et une non-universalisation, mais sur un mode très discret, de l'autre, quelque chose qui m'inquiète un peu et au terme duquel je me demande si, finalement, vous vous êtes bien posé le problème de la corrélation éventuelle entre ce concept de lutte des classes et l'élaboration de ces réalités données, à savoir les « nations », le fait d'être Français, d'être Allemand, etc.

Jean Pierre FAYE

C'est un peu en dehors de la compétence que nous nous sommes donnée pour aujourd'hui. Mais en même temps, j'y vois un rapport au problème du discours par le biais suivant : en Allemagne, on prétend parfois, quand on se trouve devant une anomalie de langage dans le discours philosophique, que cela tient à une particularité dialectale.

Ainsi, des amis allemands m'ont expliqué que si Hegel peut arriver à faire dire au mot « Aufhebung » deux choses contradictoires — à la fois la conservation et la suppression — c'est que, dans un cas, il parle selon l'usage souabe et, dans l'autre, selon la langue officielle et juridique de l'appareil d'Etat berlinois.

Quand on emploie « aufheben » dans le sens de « conserver », c'est la langue concrète du dialecte souabe — or Hegel est un Souabe —. Par exemple, quand on « conserve » les champignons, qu'on les met au bout d'une ficelle, qu'on les accroche au-dessus de la cheminée, ils sont « aufgehoben », tout à fait comme dans la préface de la *Phénoménologie de l'esprit*. Mais quand Hitler dissout le Reichsrat et le Reichstag, il dit : « Le Reichsrat et le Reichstag sont « aufgehoben », sont supprimés; c'est la langue juridique de l'Etat berlinois.

Ce sont deux discours parlés dans des lieux différents de la langue allemande, et des lieux de dialectes allemands vivants. L'Allemagne est en effet un pays où les dialectes vivent et sont pensés, où les intellectuels parlent en souabe à Stuttgart, parlent en sarrois à Sarrebruck, en bavarois en Bavière. C'est aussi le cas en Italie : dans les romans de Gadda, tous les dialectes arrivent à coexister dans la même page.

En France, au niveau du discours, cela reste beaucoup plus maigre. Au niveau du pouvoir, je m'en tiendrai provisoirement, faute de mieux, à un principe assez clairement énoncé par Lénine, et qui mérite d'être rappelé sans relâche : peut être énoncé comme « bon » et pertinent le nationalisme de qui est dominé : mauvais et non pertinent le nationalisme qui domine.

Ce qui, pour Lénine, s'appliquait très exactement à la Russie des Tsars, puisqu'il accorda le droit d'autodétermination à la Finlande et à l'Ukraine elle-même.

Au niveau de la multi-nationalité française, et dans la langue française, il est vraisemblable que s'il existe des noyaux capables de s'énoncer de façon manifeste comme distincts, leur libération doit être considérée comme positive. Elle n'apparaissait comme réactionnaire que dans le contexte des avant-guerres, présentée comme un retour à la situation antérieure à la Révolution française, donc comme un discours qui *légitimait la régression*, au même titre que le discours du « Rassenkampf » dont nous parlions tout à l'heure.

Mais quand cette libération est, au contraire, liée aux luttes concrètes de la société élective, elle prend un tout autre sens.

On pourrait dire que ce sont là des rapports qui nouent davantage notre question fondamentale de ce soir : comment le langage noue-t-il le pouvoir ?

Le problème fondamental est celui des doctrinaires de l'*Etat total* avant la prise du pouvoir par les hitlériens : Que peut-on opposer comme *légitimité* à la *légalité* ?

La légitimité invoquée par la droite allemande était celle de la chevalerie *puissance*[n], puissance seconde, dont on essayait de parler tout à l'heure. Mais la légitimité opposée par le discours ou la narration démocratique, c'est la souveraineté du peuple. C'est ce rapport des deux discours qui s'affrontent dans le duel des récits politiques, et qui prend tout à coup les armes.

Curieusement, ce discours sur la légitimité et la légalité a réapparu en France dans les années qui ont accompagné la fin de la guerre d'Algérie, ou le milieu de la guerre d'Algérie, autour de 1958, et on n'est pas sorti de ce type d'opération pivotante qui permet de retourner les « légitimités ». Je pense qu'on est en plein dans ce type de procès.

Jacques ROUBAUD

C'est un entrelacement de deux discours d'origines différentes, qui n'existe d'ailleurs pas seulement dans l'Allemagne nazie : c'est clair.

Laurent DISPOT

J'ai cru voir l'autre jour qu'une nouvelle édition de « Langages totalitaires » (1) comportait une couverture avec les couleurs noir, jaune et rouge. Me suis-je trompé ?

Pourquoi êtes-vous passés du blanc au jaune ? Pourquoi êtes-vous passés du drapeau du IIIe Reich aux drapeaux allemands actuels, et aux drapeaux étudiants de 1848 ?

---

(1) Jean Pierre FAYE, *Langages totalitaires*, Paris, Hermann, 1972.

Jean Pierre FAYE

C'est une très bonne question. C'est celle que j'ai posée au chef de fabrication de l'éditeur. Mais c'était une anglaise, et elle semblait ne pas savoir que ces couleurs, qu'elle avait mises en toute gentillesse sur la page, pour leur beauté, étaient les drapeaux successifs de l'Allemagne, soit de Bismarck et d'Hitler, soit de Francfort et de Weimar.

Laurent DISPOT

Les couleurs « noir, blanc, rouge », correspondaient très bien à l'esprit du bouquin; comment par un blanc — c'est-à-dire par Hitler, etc. — on peut allier national et socialiste — noir et rouge : le conservatisme et la révolution —.

Jean Pierre FAYE

Je vous dirai que j'ai eu la même réaction. J'étais un peu inquiet quand j'ai vu apparaître cette couverture, sur l'édition augmentée.

Ce qui m'a consolé, c'est que cette couverture là est en papier et qu'elle sera, je l'espère, jetée, dans les bibliothèques. Apparaîtra seulement la grosse couverture rouge qui est en-dessous et qui en fera un « gros livre rouge ».

Laurent DISPOT

Mais cela indique peut-être justement que vous allez pouvoir écrire « Langages totalitaires pour 1974 »... enfin ce qui se passe en Allemagne maintenant.

Jean Pierre FAYE

Ce n'est pas exclu. Là-bas, mais peut-être ici.

APPENDICE

DIALOGUES DE FRANCE-CULTURE

Diffusion : chaque mardi de 20 h 00 *à* 21 h 20

Producteur-Délégué : Roger PILLAUDIN

Reportages : Jean-Louis CAVALIER

Documentation : Dominique DAVID

Secrétariat : Jacques ROUCHOUSE

Assistante de réalisation : Annie CŒURDEVEY

Adresse : Maison de l'O.R.T.F., 116, avenue Président-Kennedy, Paris 16e, Pièce 4718 A.

DIALOGUES DIFFUSÉS
DU 2 JANVIER 1973 AU 28 MAI 1974

2 janvier :
   Jacques MONOD - Jean HAMBURGER : *Médecine et Biologie en 1973.*

9 janvier :
   Pierre SIMON - Maurice DUVERGER : *Civilisation et sexualité.*

16 janvier :
   Alain ROBBE-GRILLET - Alberto MORAVIA : *Fiction et idéologie.*

23 janvier :
   Pierre EMMANUEL - Roger DIATKINE : *La créativité et les âges de l'homme.*

6 février :
Pierre DEBRAY-RITZEN - Roger MISES : *A propos de la scolastique freudienne.*

13 février :
Raymond ARON - Pierre SCHAEFFER : *Mutations de la société.*

20 février :
Claude LEVI-STRAUSS - Pierre CLASTRES : *Où va l'ethnologie ?*

27 février :
Alain TOURAINE - Robert LATTES : *Au delà de la société industrielle.*

6 mars :
Cardinal Jean DANIELOU - Pierre VIANSSON-PONTE : *Le bonheur, mythe ou projet ?*

13 mars :
Roland BARTHES - Maurice NADEAU : *Où/Ou va la littérature ?*

20 mars :
Maurice DUVERGER - Olaf PALME : *Les deux faces de l'Occident.*

27 mars :
Francis JEANSON - Roland LEROY : *Culture et société.*

3 avril :
François CHATELET - Gilles LAPOUGE : *Actualité de l'Utopie.*

10 avril :
Emmanuel LE ROY-LADURIE - François FURET : *Mentalité des révolutions.*

17 avril :
Lanza del VASTO - Jacques MADAULE : *Peut-on connaître autrui ?*

24 avril :
Philippe SOLLERS - Marcelin PLEYNET : *L'avant-garde, aujourd'hui.*

1er mai :
Louis PAUWELS - Robert AMADOU : *L'ésotérisme, aujourd'hui.*

8 mai :
Françoise GIROUD - Jean FERNIOT : *La presse, aujourd'hui.*

15 mai :
René DUMONT - Alfred SAUVY : *Pour en finir avec la société de gaspillage !*

22 mai :
Jean-Marie DOMENACH - Michel de CERTEAU : *Le Christianisme, une nouvelle mythologie ?*

29 mai :
François LHERMITTE - Rémy CHAUVIN : *Le cerveau et la pensée.*

5 juin :
Rolf LIEBERMANN - Raymond GEROME : *L'opéra, mythe et réalité.*

12 juin :
Edmond MAIRE - Charles LEVINSON : *La nouvelle crise du travail.*

19 juin :
Georges FRIEDMANN - Michel ALBERT : *Le grand déséquilibre dans les sociétés techniciennes.*

26 juin :
Cardinal SUENENS - Dom HELDER-CAMARA : *l'Eglise et le monde.*

3 juillet :
Michel BUTOR - Henri POUSSEUR : *Le livre et la musique.*

10 juillet :
Jean LACROIX - René SCHERER : *Pensée marxiste et pensée anarchiste.*

14 août :
Philippe CURVAL - Kurt STEINER : *La paralittérature.*

21 août :
Jean DANIEL - Jean LACOUTURE : *Engagement politique et littérature.*

28 août :
Catherine BACKES-CLEMENT - André GREEN : *Le projet de la psychanalyse dans la culture d'aujourd'hui.*

4 septembre :
Jean BERNARD - François DAGOGNET : *Grandeur et tentations de la médecine.*

11 septembre :
Hélène CIXOUS - Gilles DELEUZE : *Littérasophie et philosofiture.*

18 septembre :
Henri LABORIT - Michel ROCARD : *Vers une société informationnelle ?*

25 septembre :
Paul MILLIEZ - Guy HOCQUENGHEM : *Sexe et savoir.*

2 octobre :
Daniel MAYER - René REMOND : *Combattre le racisme ?*

9 octobre :
Maurice SCHUMANN - Pierre EMMANUEL : *Le dialogue Est-Ouest est-il possible ?*

16 octobre :
André FROSSARD - Jean FOURASTIE : *Peut-on être un modéré en 1973 ?*

23 octobre :
Michel PONIATOWSKI - Georges MATHIEU : *De la Révolte à la Renaissance ?*

30 octobre :
Maud MANNONI - Roger GENTIS : *De l'anti-psychiatrie à l'anti-pédagogie ?*

13 novembre :
Louise WEISS - Etienne WOLFF : *Embryon aujourd'hui, homme demain.*

20 novembre :
  Pierre WEILL - Pierre BOURDIEU : *Sondages d'opinion et opinion publique.*

27 novembre :
  René FLORIOT - Jean-Louis LORTAT-JACOB : *Du secret médical.*

 4 décembre :
  K. S. KAROL - Maria Antonnietta MACCIOCCHI : *La deuxième révolution chinoise.*

11 décembre :
  Claude MANCERON - Albert SOBOUL : *La Révolution Française était-elle nécessaire ?*

18 décembre :
  Jean RICARDOU - Georges RAILLARD : *Le nouveau roman existe-t-il ?*

25 décembre :
  Jacques ELLUL - Robert ESCARPIT : *Croire, pourquoi ?*

1er janvier 1974 :
  Jacques BERQUE - Georges BALANDIER : *Ce que nous pouvons apprendre du monde non occidental.*

 8 janvier :
  Jacques RUEFF - Paul FABRA : *Le système monétaire international.*

15 janvier :
  Alfred GROSSER - Pierre VIDAL-NAQUET : *Crimes collectifs, mémoire collective.*

22 janvier :
  René MAHEU - Jean d'ORMESSON : *Le développement culturel dans le monde.*

29 janvier :
  Raymond ARON - Alfred FABRE-LUCE : *La guerre du Kippour a-t-elle compromis la détente ?*

 5 février :
  Professeur A. MINKOWSKI - Evelyne SULLEROT : *La femme et l'enfant dans le monde.*

12 février :
  A l'occasion de la remise, le 13 février, à Oslo, du Prix Populaire de la Paix (Nobel alternatif), à Dom HELDER-CAMARA, rediffusion du Dialogue
  Dom HELDER-CAMARA - Cardinal SUENENS : *L'Eglise et le monde.*

19 février :
  Colette AUDRY - Albert MEMMI : *La femme est-elle colonisée ?*

26 février (mardi-gras) :
  Henri LEFEBVRE - Jean DUVIGNAUD : *La fête et les sociétés industrielles.*

5 mars :
   Edgar MORIN - Serge MOSCOVICI : *Pour une politique de l'homme ?*

12 mars :
   Sicco MANSHOLT - Pierre MENDES-FRANCE : *La société, demain et après-demain.*

19 mars :
   Alain TOURAINE - Pierre KALFON : *Le coup d'Etat chilien et l'Amérique latine.*

26 mars :
   Bertrand SCHWARTZ - André OULIAC : *L'école de l'an 2000.*

2 avril :
   Georges DUBY - Pierre BARBERIS : *Littérature et Société.*

9 avril :
   René ZAZZO - Colette CHILAND : *Les arriérés mentaux.*

16 avril :
   Pierre P. GRASSE - Paul PESSON : *Vie et évolution.*

23 avril :
   Françoise DOLTO - Philippe ARIES : *Enfance et Société.*

30 avril :
   Jérôme LINDON - Bernard PINGAUD : *L'Editeur et l'Ecrivain.*

7 mai :
   Jean TREMOLIERES - Jean-Claude BRINGUIER : *Comment communiquer ? mots ? mets ? media ?*

14 mai :
   Jean Pierre FAYE - Jacques ROUBAUD : *Langages puissance n et totalitarisme.*

21 mai :
   Jacques MITTERRAND - Guy NANIA : *La politique des Francs-Maçons.*

28 mai :
   Henri MENDRAS - François CLERC : *La fin des paysans ?*

TABLE DES MATIÈRES

IMPRIMERIE LOUIS-JEAN
Publications scientifiques et littéraires
TYPO - OFFSET

05002 GAP - Téléphone 51-35-23 +

Dépôt légal   222 - 1974